だいわ文庫

孤独と上手につきあう9つの習慣

和田秀樹

大和書房

私もずっと「孤独」でした――はじめに

精神科医として私は、36年のキャリアを積み重ねてきました。

いま、私がもっとも関心を寄せているテーマは「孤独」です。というのも、現代病理の多くが、孤独や疎外感が「根っこ」になっていると思われるからです。

それに加えて、２０２０年は「コロナ問題」という人工的な孤独状態が生み出されてしまいました。

外出を控え、人との会話や接触は極力避けるという「新しい生活」は、まさに人間を孤独にさせるものでした。

私は、これはとても危険だと考えました。

ただでさえ人は外出をしないことで、セロトニンという神経伝達物質が減り、うつ病になりやすくなります。さらにコロナによる不況で、この先の生活の不安を抱えたり、実際に失業して経済的困難に陥ったりする人も少なくない。そのうえ、つらさを共有したり、語り合ったりできないことでより追い詰められ、自殺する人がかなりの数で出るのではないかと考えたからです。

残念なことに自殺者数は増えました。

さまざまな自殺予防対策が成功し、２０１９年まで10年連続で自殺者数が減っていたのに、２０２０年は２０１９年より７５０人多い２万９１９人が自殺で命を失っています。

しかし、かつて年間３万人もの方が亡くなっていたことを考え、私はもっと増えるだろうと思っていたのですが、２万人台でした。ネットを通じたつながりのおかげかもしれませんし、会社の人間関係で悩んでいた人が出社しないですむことで楽になったのかもしれません。

孤独や疎外感を恐れて社会に合わせていた人が、無理をしなくてよくなった、孤独とのつきあい方を覚えた、ということなのでしょう。

しかし、そううまくいかない人も、たくさんいるはずです。

この「新しい生活」において、ＩＴを用いた人間関係をつくれない人もいるでしょう。

また、酒類の売り上げが伸びていることから、アルコール依存症が増えているようです。

本書でもふれますが、ひとり飲みはアルコール依存症の危険因子です。

実際、アルコール依存症、買い物依存症、セックス依存症、ギャンブル依存症といったさまざまな依存症は、孤独や疎外感によって起こるとさえ言える病気です。

よく考えてみてください。

友達と連れだって買い物をしたり、仲間と一緒にギャンブルをしたりする人が、それらの依存症に陥ったという話はあまり聞いたことがありません。アルコール依存のようなものでも、キッチン・ドランカーのような「ひとり飲み」の人のほうがはるかに危ないのです。

それは、**「もうやめたほうがいいよ」と、止められる人がいないからなのです。**

そして、コロナ時代以前から問題になっている、ひきこもりやスクールカーストも、孤独や疎外感をはずしては語れません。

スクールカーストという学校内での人気の序列は、「みんなと合わせていないと嫌われる」という恐怖感から生じるとされています。表向きの仲間は多くても決して本音が出せないのですから、当事者の多くが疎外感に悩まされることも多くあるでしょう（今から40年以上前に、精神分析学者の小此木啓吾先生はこれを「同調型ひきこもり」と呼びました）。

一時期話題になった便所飯症候群（ランチ仲間がいないことを極端に恥ずかしく思い、トイレで隠れて弁当を食べること）。これも、仲間がいないのがわかると寂しいやつだとバカにされるという意味での対人不信の病理、つまり、孤独や疎外感の病理ともいえるものです。

モンスターペアレントや暴走老人というのも、「どうしてちゃんと相手にしてくれないのか！」という疎外感の裏返しで、思い切り厚かましくなるという側面があるはずです。

人間は、それほどストレス耐性の強い生きものではありません。

これほど多くの現代病理の原因になっている背景には、孤独や疎外感というものが、いかに人を生きにくくさせているか、ストレスの原因になっているか、という証拠だといえるでしょう。

しかもこれらの「名づけられた」現象は、孤独や疎外感というものが生み出す問題のほんの一部にすぎません。

実際、これらの病理よりはずっと軽いレベルですが、自分の居場所で安心してくつろげない、本心が出せないという人は、かなり多くいるでしょう。みんなに合わせて生きるのに疲れたという人もいるでしょう。

とくに現代社会では、インターネットによる表面的なつながりを持ちやすいため、こうした孤独や疎外感というものが巧妙に隠される傾向にあります。

表面上はうまくやっているとか、ネット上の「友達」は多いという「見えない孤独」は数多く存在します。

自分でもそれに気づかず、いつのまにか心をさいなまれ、依存症や不安障害といった精神疾患にかかっている人も少なくありません。

慢性的に、なんとなく寂しい、安心できない、孤独だという感覚に苦しめられているのです。

もちろん、孤独というのは、上手につきあうことができれば、自分の精神世界や人格に深みを与えてくれるものでもあります。

昔の格言や文学作品には孤独を扱ったものがたくさんあることからわかるように、孤独といかにつきあうかというのは、洋の東西を問わず、人が生きるうえでの一大テーマでした。しかし、孤独が巧妙に隠される傾向にある現代社会においては、孤独や疎外感に対して、受け身の姿勢ではなく、より自覚的に向き合う必要があると思います。

孤独とはいったい、なんなのか。
何が孤独を見えなくさせていて、どこに問題があるのか。
自分はどう孤独とつきあっていくべきなのか。

こうした考察を深めることこそ、社会を確かな目で見抜き、本質的でオリジナリティに富んだものの考え方をするために必須の教養です。

そしてそれは、自分の人格を成長させ、しなやかでたくましい精神を形作ることにもつながっていきます。こうしたことが、現代人に必要な「孤独の作法」であると私は考えています。

今は、上辺だけ取り繕って、魅力のある人間であるかのようにふるまうノウハウやテクニックのほうが重視されがちかもしれませんが、そんなメッキはいとも簡単にはがれてしまいます。

実は私も、みんながわかってくれないという孤独感を、子どもの頃から40年近く感じ続けていました。

しかし、あるきっかけで本音を平気で出せる仲間と知り合い、ワインを趣味にして、酔っ払って言いたいことを言い合ううちに、少しずつ人間不信が解け、孤独感がかなり和らいできました（それでも、なくなったわけではないことは断っておきます。でも、この程度の孤独感ならあったほうがいいとも思っています）。以前より、少なくとも、素直に人に依存できるようになったのは確かです。

本書を手に取った読者のみなさんは、きっと、表面的なものの捉え方が蔓延しているのに気づきそれが嫌になったり、みんなに合わせるのにもう飽き飽きしていて、より本質的で根源的なものの考え方をしたいと、心のどこかで思われたのではないでしょうか。だからこそ、この本を手に取ったのでしょう。あるいは、表向きはうまくいっているが、なんとなく孤独で疲れる自分にさよならをしたいと思ったのかもしれません。

孤独や疎外感というのは、人間なら誰しも避けては通れない根源的な悩みです。しかし、私も精神科医になってから36年経ち、いろいろな経験も積み、社会観察もし、いろいろと考え続けてきたことは確かです。

なぜ自分が、どうにか孤独感から逃れることができたのか。

自分なりの結論もふくめて、自分なりに考えてきたことを、できるかぎりお伝えしていきたいと思います。

本書をきっかけに、孤独についてちょっと考えるきっかけを得て、あるいは、少しでも楽になり、本当の意味で底力のある魅力的な人間になれる一助となれば、著者として幸甚です。

和田秀樹

習慣5

「他人」に頼る

「誰かに頼る」人ほど大人である。
「お互いに」の精神で支え合う

習慣6

「逃げ場」を作る

親友は何歳からでも作れる。
40年孤独だった私ができたのだから
間違いない

習慣7

「真面目」をやめる

「建て前」で生きるのはつらい。
「いい人」こそ、どこかで本音を吐き出そう

習慣8

「弱さ」をさらけ出す

自分に自信がある人ほど
「弱さ」を見せる。
そして人が、寄ってくる

習慣9

「心のプロ」に頼る

「心のなか」を言葉にする。
口に出すと頭がどんどん整理される

孤独と上手につきあう

9つの習慣

習慣1

「みんなと同じ」をやめる

「自分は自分の人生を生きる」
という決断がある人、ない人

習慣2

「友達が多い」を求めない

「孤独」と「疎外感」は違う。
なぜ、仲間といても不安を感じるのか？

習慣3

「読書の世界」に入り込む

知識を増やすと、言葉が増える。
そして「他人」にやさしくなれる

習慣4

「味方」を見つける

「嫌われる勇気」を持って
本当の味方を探す

孤独と上手につきあう
9つの習慣
もくじ

習慣1

「みんなと同じ」をやめる

習慣 2
「友達が多い」を求めない

習慣3

「読書の世界」に入り込む

習慣
4

「味方」を見つける

習慣 7 「真面目」をやめる

習慣 8

「弱さ」をさらけ出す

習慣 9

「心のプロ」に頼る

習慣1

「みんなと同じ」をやめる

「自分は自分の人生を生きる」
という決断がある人、ない人

自分本位になる

■「自分」とは何か？

あなたはいま、「自分は自分」だと確信を持って言えるでしょうか？

「そんなの当たり前。自分は自分以外にないでしょ」と自信満々に言える人でも、ときにはなんとなく「自分」が曖昧《あいまい》になってしまう感覚、「自分」という存在が脆《もろ》いもののように感じられたりすることがあるのではないでしょうか。

「これは、本当に自分がやりたいことなのだろうか？」
「これは、本当に自分が心の底から思った考えなのだろうか？」
「どこまでが自分の考えで、どこからが人の意見なんだろう？」

「自分と他人を分けるものは、どこにあるの？」
「〝自分〟とは、いったい何なのか？」

こうやって考えていくと、思考は袋小路に迷い込み、考えれば考えるほど「自分」というものがなんだかわからなくなっていくようです。**孤独感や疎外感というものの根っこには、こうした「自分」の存在への不確かさがあります。**

「自分」というものがはっきりと感じられるときは、たとえ人から否定的なことを言われても「自分は自分、他人は他人」と受け流すことができます。いろいろ迷いながらも、わが道を進んでいけるでしょう。

でも、「自分」がはっきりしていないときには、人から否定されたりすると、自分の考えや行動にとたんに自信がなくなります。

つい人の意見に流されたり、自分の本当の気持ちを押し殺して人に合わせたりしてしまいます。みなさんも、こうして自己嫌悪を感じたことがこれまでに一度はあるのではないでしょうか。

「誰も自分のことをわかってくれない」
「自分なんて、いてもいなくてもいい存在、ちっぽけな存在なんだ」

こういう気持ちになったりするのも、たいてい「自分」がはっきりしていないときです。まるで人生を前向きに切り拓いていこうとする気力が奪われるかのような気持ち。人生がつまらなく感じられ、不幸な気持ちになる感情です。

こうした孤独感や疎外感に対処するには、まず自分に対して「自分」の存在をはっきりさせないといけないのです。

■「何をするために生まれてきたか」

面白いことに、日本が誇る近代文学の祖のひとり、夏目漱石ですら、私たちと同じような悩みを抱えていました。

彼の生い立ちは少し複雑で、生まれてすぐに2回も里子に出され、9歳のときには養父の女性問題により養父母が離婚。生家の夏目家に戻りますが、21歳になるまで夏目家には復籍できませんでした。一説によると、漱石は幼少時、実の両親のことを祖父母だと思い込んでいたといいます。

こうした家庭環境も影響してか、漱石は成長したのちも「自分はいったい、何をするために生まれてきたのだろうか」という空虚さに悩まされるようになってしまったのです。

漱石は最高学府の帝国大学（のちの東京帝国大学）英文科に進み、卒業後は高等師範学校の英語教師になりました。いわゆるエリートです。

しかし、文学を学んでも、ちっともわかったという実感がなく、仕事にもまったく興味が持てない。

漱石の晩年に書かれた自伝的小説『道草』では、主人公・健三が、

「御前《おまえ》は必竟《ひっきょう》何をしに世の中に生《うま》れて来たのだ」

とストレートな言葉で自分の懊悩《おうのう》を自問していますし、大正3年に学習院でおこなわれた講演の収録では、こう自身のことを語っています。

〈私はこの世に生れた以上何かしなければならん、といって何をして好いか少しも見当がつかない。私はちょうど霧の中に閉じ込められた孤独の人間のように立ち竦《すく》んでしまった

のです〉

「何をするために生まれてきたのだろうか」
「何をしていいのかわからない」

（夏目漱石『私の個人主義』より）

夏目漱石のこうした懊悩は、現代でも多くの人が抱える典型的な悩みのひとつでしょう。日本を代表する文豪、夏目漱石であっても、現代に生きる私たちと変わらない悩みを持っていたのです。

■心の不安を生み出す「他人本位」

私たちはあれこれ思い悩んでも、成長するにつれ、現実との折り合いをなんとかつけていくものです。

思ったような仕事に就けなくても、「まずはこの職場で認められることだ」と心を切り替えたり、「3年ここで頑張ったら転職しよう」と次の目標を定めたりできます。

そうするうちに、最初は嫌々だった職場にやりがいを見出して、新たなやる気に燃えることだってあるでしょう。

あるいは、家事や育児ばかりに忙殺されて、「自分の人生っていったい何なんだろう」と思ったとしても、家族や子どもの笑顔を見ているうちに、「まあいいや。自分のできることを頑張ろう」と思えたりします。

ところが漱石は、青年期になってもずっと、「自分は何をするために生まれてきたのだろうか」という悩みに振り回され続けました。

33歳で文部省に命じられてイギリスに留学したときには、「自分の不安を解消できるものはロンドン中を探し歩いても見つかりそうにない」と、せっかく異国の土地に来たのに観光するでもなく、かといって文学の研究や書物を読むことにも熱が入らず、何もかも「つまらない」と感じていたようです。

とうとう文部省への報告書を白紙で出して、急遽、帰国を命じられる始末。漱石はロンドンで重度の神経衰弱、うつ状態に陥ってしまったのです。

しかしこの留学中に、漱石はひとつの大切な発見をしました。漱石が語ったナマの言葉をここに引用してみましょう。

〈今までは全く他人本位で、根のない萍《うきぐさ》のように、そこいらをでたらめに漂よっていたから、駄目であったという事にようやく気がついたのです〉（同前）

つまり漱石は、「自分」というものがないままに、人の意見を鵜呑《うの》みにしたり人真似をしたりして、他人本位な生活を送っていることが、自己の内心の不安を形成しているのだという結論にたどり着いたわけです。

上辺だけ取り繕うのではダメで、自分自身の価値基準というものを身に付けなくては、本当の安心は得られないということです。

■自分に自信を与える「思考の転換」

「他人本位」という言葉に対抗するのは、「自己本位」という言葉です。漱石も「自己が主で、他は賓《ひん》である」という発想に行き着きます。

〈私はこの自己本位という言葉を自分の手に握ってから大変強くなりました。（中略）比喩で申すと、私は多年の間懊悩した結果ようやく自分の鶴嘴《つるはし》をがちりと鉱脈に掘り当てた

ような気がしたのです〉（同前）

漱石自身は、明治という文明開化の時代背景から、西洋人の考え方や文化に染まらなくても、自分は日本人として自分なりに生きればいいのだ、という結論に達したのですが、これは何も欧米と日本の対比に限ったことではありません。

現代の私たちに当てはめれば、とにかく人の尻馬に乗るのではなく、自分自身でものごとを考えること。

「自分は自分の人生を生き、他人は他人の人生を生きるのだ」

と考えればよいでしょう。

他人のあとに従って生きていても、安心と自信は付いてきません。たとえ誰かの意見を得意気に語ったとしても、それが本当に自分の血肉となったものでないかぎり、心のなかは不安だらけになってしまう。

結局のところ、誰しも自分の不安に対する答えを自分の鶴嘴で掘り当てるところまで進んでいかなくてはならないのです。

なぜなら、漱石が語っているとおり、「もし掘り当てることができなかったなら、その人は生涯不愉快で、始終中腰になって世の中にまごまごしていなければならないから」です。

私が「みんなと同じ」では不幸になるとしきりに言うのは、まさにこれと同じ理由からなのです。

私たちは、自分の抱える不安の「もと」がいったいどこにあるのか、考え続けられるだけの強さを身につけなくてはならない。

そのためには知識と見識が必要であり、「自分の頭で考える」という、それこそ「孤独」な習慣が必要なのです。

どうして周囲に「合わせる」のか？

■孤独に対する3つの「防衛反応」

さて、孤独というものが「自分とは何者なのか」という根源的な悩みから発しているとすれば、私たち人間は本質的に孤独な存在なのだという結論に達せざるを得ません。

運よく自分の天職、生きがい、役割などを見つけたとしても、ふとした瞬間に頭をもたげてくるのが「自分とは何者なのか」という問いです。これは人間として生きているかぎり、逃れられない運命だと言えるでしょう。

ところが、**私たちはなぜか自分が孤独であるということをあまり認めたくありません。**

成功している人。

他人から必要とされている人。

いつも友人たちの輪の中心にいる人。

家庭が和やかでうまくいっている人。

子どもたち、孫たちから慕われている人。

こういう、なんだかうまくいっているように見える人からは、孤独の匂いは感じません。

自分もそうなりたいと思います。

「あの人はいつも楽しそうに笑っていられていいなあ」

このように思い、孤独を感じている自分、寂しさを感じている自分が、少しみじめな気がします。

しかし、彼らも本質的には孤独な存在に違いないのです。単に人より孤独を感じる頻度が少ないというだけにすぎません。それでも私たちは彼らをうらやんでしまう。そして、孤独や疎外感を感じたときには、自分の心の状態を無意識に守ろうとして、精神分析的な用語でいうところの「防衛」というものをおこないます。

この防衛は主に3つの方向性であらわれていると私は考えています。

1つめは、「みんなと同じ」でいようとすること。みんなと同じ音楽を聴いて、みんなと同じファッションをし、みんなと同じテレビを観る。みんながやっていることを自分もやり、みんなと同じ話題で盛り上がる。みんなと同じでいるかぎり、自分は疎外されていないと感じられるわけです。

2つめは、SNSを使って「つながり」を持つこと。ツイッターであれ、インスタグラムであれ、顔が見えないやり取りのぶん、自分がつながりたいときだけつながれるので、気楽にできます。顔の見える直接的な関係よりは〝なんとなく〟のつながりですが、それだけに孤独を覆い隠す役割もしやすいと言えるかもしれません。

3つめは、ネットやゲームなりに没頭して、ひきこもりのツールとすること。現実社会では疎外感を緩和することが難しいため、SNSのなかだけで閉じこもって、疎外感を感じないようにする。いっぽうでは、仮想空間であるゲームに没頭する人たちも存在するわけです。

■「マイルドヤンキー」vs「ジェネレーションX」

私は、この3つの方向性、とくに前者2つが、現在の社会の雰囲気、ムードの形成に大きく関与しているのではないかと思います。

ひと昔前に「マイルドヤンキー」という言葉が流行ったことがありますが、ご存知でしょうか。これは当時、博報堂でブランドデザイン若者研究所のリーダーを務めていた原田曜平氏が打ち出した言葉で、主に次のような特徴を持つ人々のことを指します。

- 大都市よりも郊外・地方に多く生息している。
- 比較的、低学歴・低所得者層により多い。
- 地元が大好きで、自宅から半径5キロメートル圏内で過ごすことが多い。
- いくつになっても中学時代の友達と遊んでいる。
- 実家へのパラサイト率が高く、家族や親、早婚者であれば妻や子どもと仲がよい。
- ＩＴリテラシーが低い傾向にある。
- 政治に無関心。
- 消費意欲は他層より高く、車、バイク、タバコ、パチンコ、ブランド品など、いわゆる若者が消費から離れてしまったと言われるものに興味が高い。パラサイト率も高いので、収入に比べて可処分所得も高い。
- 好きな場所は大型ショッピングモール、カラオケ店、ボーリング場。

「マイルドヤンキー」という言葉自体はすっかり影を潜めてしまいましたが、こうした特徴を持つ人々は今でも健在です。みなさんも思い当たるフシがあるのではないでしょうか。

ひと言でいえば、マイルドヤンキーとは「居心地のいい生活ができるのであれば、負け組でもいいじゃないか。仲間と酒でも飲みながら、大好きな地元で楽しく暮らそうぜ」という思考をする人々です。

一時期、政治的保守層と混同されることもありましたが、マイルドヤンキーたちは政治にはいたって無関心。権力には盾突かず、問題意識も高くなく、むしろ率先して〝お殿様〟（地元出身の世襲議員）の票田になっています。ただし、仲間内から出世して〝勝ち組〟になった人への風当たりは強い。要は仲間意識が強く、排他的なのです。

この言葉が登場したとき、私は90年代にアメリカで話題になった「ジェネレーションX」との類似性をすぐに思い浮かべました。

アメリカのジェネレーションXとは、1961年から81年までの20年間に生まれた世代のことを指します。特徴としては、

●田舎（地元）に住んでいる。
●小さなガレージが付いた持ち家に住む人が多い。
●月給は日本円にして20万円から30万円ほど。決して高給とはいえない。
●大規模なリストラやダウンサイジング（整理解雇）がおこなわれた時期に成人を迎え、軒並み就職難にあった。
●たいていワンボックスカーに乗っている。
●家族でそのワンボックスカーに乗って出かけ、安モーテルで1～2週間のバカンスを楽しむのが何より大事。
●政治や社会に対して冷めていると言われる。
●個人主義と内向性を指摘されることが多い。
●仲間とファミリーレストランみたいなお店に集うのが大好き。

こう聞くと、昨今話題になっているトランプ支持者層の特徴とも重なります。トランプ支持者たちは、ジェネレーションXが時代を経て変質した姿なのかもしれません。

ただし、現代のトランプ支持者たちはアメリカの格差社会と闘う気概がありますが、ジェネレーションXはマイルドヤンキーと同じく、政治にはほとんど関心を持ちませんでした。その点もふくめ、日本のマイルドヤンキーとアメリカのジェネレーションX、非常に似ていると思いませんか？

■90年代アメリカの郊外型社会は「みんな同じ」だった

じつは、私が1991年から94年にかけてアメリカに留学していたとき、ちょうどこのジェネレーションXの問題が取り沙汰されていたのです。

そして、自分が実際にアメリカで体験したことや目にしたこと、それが日本にも伝播《でんぱ》してきているということを含め、さまざまな分析を加えて日本人の心理構造について論じた『シゾフレ日本人』（ロングセラーズ）という著書を出しました（文庫化で改題『「自分がない」症候群」の恐怖』ＰＨＰ文庫）。これは私が精神科医としてはじめて日本人の心理構造を述べた著書になります。

当時、私が住んでいたのは、カンザス州の州都トピーカという街です。カンザスといえば、アメリカのなかでは「超」がつく田舎。人口がその当時で240万人ほどで、広さは日本の国土の6割ほど、しかもほとんどが平野という広大な州です。

トピーカは州都とはいっても、人口は10万そこそこしかありません。ほとんどビルらしいものを見かけない。田舎の代名詞みたいな場所です。

でも、私がそのトピーカに住んでいたとき、たしかに「田舎だな」と感じはしたものの、店は都会にあるものとそれほど変わりがありませんでした。ショッピングモールに行けば、都会にあるのと同じ百貨店が2つぐらい入っていて、GAPやらなんやらの店もちゃんとある。ウォルマートの巨大店であるハイパーマートもある。都会のショッピングモールと一緒です。

そうなると、わざわざ都会に出て行く必要がないのです。

私がトピーカに留学していたころは、まさにジェネレーションX世代が若者の中心でしたが、現地のハイスクールの成績上位者は、それほど人口比率が多くもないチャイニーズに占められていました。白人も黒人も上昇志向がない。勉強していい大学に入って、都会に出て行きたいなんてまったく思っていないのです。

これは何もカンザスに限った話ではありません。ニューヨークという超都会の郊外に住んでいるジェネレーションX世代も、電車で行けばすぐなのに、マンハッタンにすら行ったことがない人たちがわんさかいるという話でした。

アメリカ留学中に思ったのは、アメリカという国は、ニューヨークやロサンゼルス、ボストン、サンフランシスコなど一部の都会をのぞいて、あとは全部同じ、金太郎飴《あめ》のような国なんだな、ということです。

どこに行ってもだいたい同じで、土産物すら同じようなマグカップやスプーンにその地域のロゴが付いているだけ。同じようなものを食べ、同じようなファッションをして、同じような店で酒を飲む。

地域の特色というものはほとんどなく、どこに行っても見たことのあるような景色ばかりで、旅行をしてもつまらないなと感じたものです。

■「どこでも同じ」は、アイデンティティを喪失させる

日本でも現在は、地方はどこも同じような風景が広がっています。国道沿いにはファストフード店や全国チェーンの飲食店がズラリと並び、郊外に行くと巨大なショッピングモールがドンと建っていて、個性豊かな商店街は死に瀕している。どこの街でも車を走らせればほとんど同じ、見たことのあるような風景ばかりです。

休日に出かける場所ナンバー1といえば、地元のショッピングモール。どこの地域に行

っても、なぜショッピングモールの駐車場があれほど混雑しているのか、よくわからないほどです。

ユニクロ、無印、GAP、スタバもあるし、マクドナルドやミスドもあって、ファミレスやコンビニもちゃんとある。住んでいる街が田舎だとは思っていても、都会にくらべて不都合があるとは感じない。

しかし、アメリカのジェネレーションXのときも「個々人の物語の喪失」「喪失感の世代」という問題が語られたように、こうした風景はアイデンティティの喪失を象徴するものです。

アイデンティティ論の提唱者で、アメリカの精神分析学者であり文化人類学者でもあるエリクソンは、アイデンティティを定義するものとして、次の2つの要素を挙げています。

ひとつは、自分が本当の自分として過去の自分と連続しているという一貫性があること。

もうひとつは、他者がそれを同じように見ているという、明確な自信があること。

人は孤独への「防衛」として、
「人と同じ」スタイルになる

ベストセラー1位の
本を読み…
流行のファッションを
身につけ…
メガヒット曲を聴き…
Dr.和田
それは本当に
あなたが好きなものなのか？

この2つを満たすものが、アイデンティティだと定義されているわけです。これは、自分が「どこのなにがしです」という意識をはっきり持っていて、外からもそう見られているという確信が必要だ、ということです。

行き過ぎた均質化は、こうした感覚を非常にあいまいなものにして、自分というものを見失わせてしまいます。現代日本社会でも、**「自分の物語」が失われ、みんなが同じ「自分がない」という状態になってしまっている**わけです。

確固としたアイデンティティがなければ、人は不安になるし、孤独感も増します。しかも、「自分が自分に属していない」という自己所属感がないと、周囲の雰囲気がその人の行動を規定するという現象が起こります。

すると、**人は孤独への「防衛」として、ますます人に合わせようとする。**

その場その場の雰囲気に合わせるのはやたらにうまいけれど、自分の感情を持たず、人と接している実感がないという人が多いのは、そのためです。

見たこと、聞いたことのあるシチュエーションになるとほっとするし、よく知っている連中のなかにいると気分もラクだ。その反面、自分を含むコミュニティにしか興味を持てないという状況は、こうして生まれてくるのです。

孤独から逃げない

■孤独に対する防衛が、孤独を加速させるという矛盾

前述したように、「みんなと同じ」でいたいというのは、孤独に対する防衛心理のひとつです。

しかしいっぽうでは、周りに合わせれば合わせるほど、さらに自分を見失ってしまうことにもなります。

周りに合わせている以上、自分から見て「自分がない」という側面と、人から見た「自分がない」という側面の両方が強化されることになり、アイデンティティの喪失がさらに加速するからです。

孤独への防衛として周りに合わせていたのに、そうすることでより孤独になる。

ここでは矛盾と悪循環が起きています。

均質化文化をもたらした現代社会では、「みんなと同じ」という防衛をすればするほど、孤独を内包してしまうという危険があるのです。

「みんなと同じ」でいれば、一見、孤独から逃れられるような気になりますから、表面的には孤独というものは浮かび上がってきません。均質化文化というのは、孤独というものが巧妙に隠される社会だといえます。

しかも、現代にはコンビニやネットといった孤独を覆い隠す装置まで用意されています。

1階にコンビニが入っているマンションに住んでいる知人が、「僕の冷蔵庫はコンビニだ」と笑いながら話していたのを覚えていますが、とにかくコンビニさえあれば、そこそこ美味しいものをいつでも不自由なく食べられる。

仕事で疲れて帰ってきたとき、温かい食事を用意して待っていてくれる人がいなくても、コンビニさえあれば少なくとも不自由は感じません。私が思うに、それは最強のひきこもりツールです。

〝なんとなく〟のつながりを簡単に作れるネットにしても、同じことです。ネットさえあれば、映画も観られるし、ゲームもできる。その気になれば新聞やニュースも見られて、社会とつながっている感じすら得られます。

■30代独身男性の心のなか

先日、30代半ばの独身男性の話を聞きました。田舎の役場で働く彼は、周りの目も気になるし、親も安心させたいということで、早く結婚したいと思っているそうです。お見合いをしてみたり、いろいろと出会いの努力はしている。

しかし、成果はさっぱり上がらない。それどころか、街コンで女性に声をかけて断られると、ガッカリするよりも先に、「ホッ」とする自分がいるのだそうです。

彼は30代半ばになるまで女性とおつき合いをした経験がなく、ひとりで楽しむ術を身につけているのです。パソコンで音楽を聴きながら、ネット配信のマンガや動画で面白いものを発掘し、映画をネットフリックスで観る。ゲームも好きだし、ネットサーフィンにもかなりの時間をあてている。同僚や友達と飲みに行くのも自由にできる。

ひとりであれば、そうしたものに気兼ねなく時間を使えるけれど、そこに誰か特定の女性が介入してくるのが怖いという話でした。

しかし、それで彼が満足しているかといえば、やはり切実にパートナーを得たいと願っているのです。

私はその話を聞いて、女性に時間を奪われることが怖いのではなく、いまはネットで覆い隠されている、**孤独とじかに対面しなくてはならないことが怖い**のではないか、と感じました。

■「偽りの自己」しか持てない人たち

幸いなことに、現代社会には孤独を忘れさせてくれる装置がたくさん用意されています。これらのツールは、巧妙に孤独を覆い隠す働きをしているのです。

こうした社会のなかで「みんなと同じ」でいるということには、じつは多大なリスクがあります。

たとえば、表面的につき合ったり、わいわい騒いだりするのは上手だけど、本音を語り合うような深いつき合いは苦手、という人。みなさんのなかにも、そう自覚している人がたくさんいるかもしれませんね。

前にも記しましたが、慶應大学教授だった小此木啓吾先生は、いまから約40年以上前、こういうつき合い方のことを**「同調型ひきこもり」**と呼びました。

みんなの前では明るく振る舞い、いい人でいるけれど、自分の心のなかのドロドロした部分や不安な部分を人に打ち明けることはできない。

人と情を通い合わせることができないので、それは結局、ひきこもりと同じだというわけです。

もちろん、誰かれ構わず本音でいようとするのは、それはそれで問題です。私だってずいぶん好き勝手にものを言っているように見えるかもしれませんが、その場その場でいろんな顔を使い分けてコミュニケーションをとっていますし、求められる役割に応じて本音を隠したり、人に合わせたりしています。

イギリスの精神分析家、ウィニコットは、これを**「偽りの自己」**と**「真の自己」**と規定しました。

私たちはこの「偽りの自己」を用いて、社会適応をしているのです。

ですから、「偽りの自己」そのものはとくに問題ではありません。

問題は、「偽りの自己」しか持てないという場合。

「同調型ひきこもり」の特徴

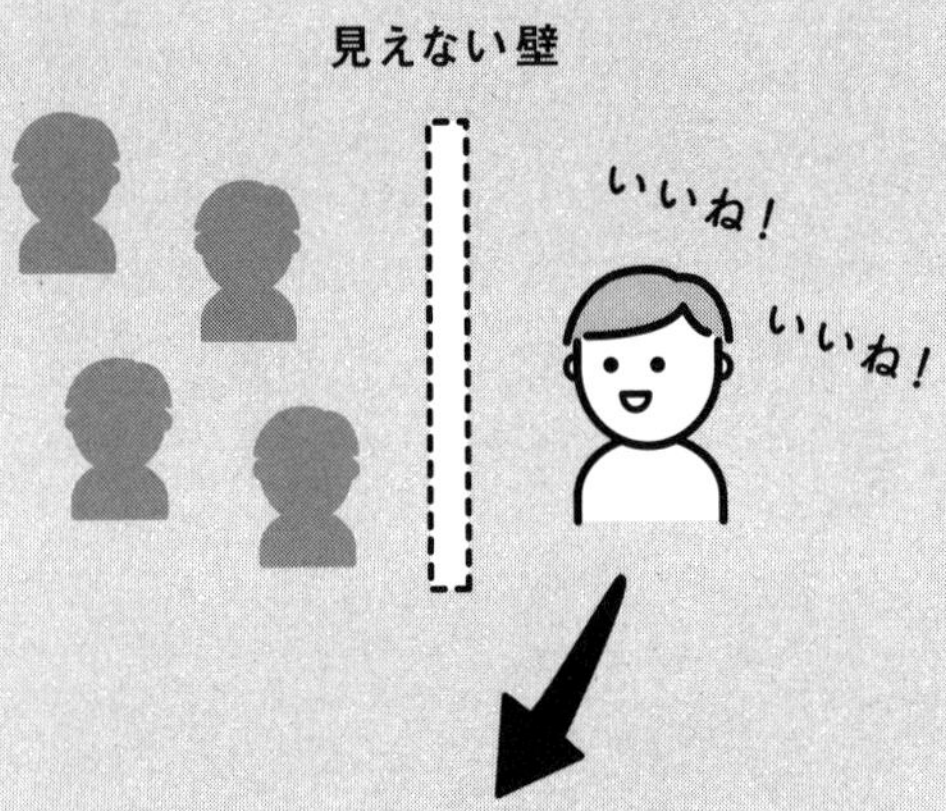

心の中の
ドロドロした部分、
不安を人に
打ち明けられない

みんなの前では
明るく振る舞い、
いい人を演じている

自分に自信が持てない「他人本位」な人ほど、「偽りの自己」で強固な仮面を作って、周りに合わせようとしてしまいます。そうして自分の本音を見失ってしまったら、それは孤独を加速させる危険性をはらんでいる。

私たち精神科医は、「社会適応状況がいいほど病理が軽い」という診断を下しがちですが、こう考えてみると、「同調型ひきこもり」の人々よりも、堂々とひきこもれる本当のひきこもりやオタクといった人たちのほうが、むしろ強い自己主張ができていると考えることができます。

彼らにもさまざまな葛藤や悩みがあるでしょう。でも、「同調型ひきこもり」に陥っている人たちも、それと同じかそれ以上に深刻な問題をはらんでいる。

いずれにしても、「みんなと同じ」でいることが、決して世の中を生きやすくしているわけではないということは強く自覚しておくべき問題だと思います。

予定調和から「はみ出す」と変わる？

■「中流幻想」が崩れる3つの瞬間

もっと現実的な問題もあります。

すこし前になりますが、2002年にアメリカで公開された「ジョンQ——最後の決断」という映画をご存じでしょうか。アメリカの医療制度や保険制度を問題視する社会風刺的な映画として、当時話題になったものです。

デンゼル・ワシントン扮するジョンQは、工場でリストラの対象となり、パートタイムに格下げになってしまいました。新聞の求人欄を見ては、重い溜息をつくジョン。新しい仕事を見つけようと思っても、まったく芳しい成果はありません。

そのうえ妻のデニーズの車がローンの不払いで差し押さえられてしまいます。ジョンは

「妻が仕事に行けなくなる」と訴えますが、徒労に終わります。

そんな一家の唯一の希望は、息子マイクの明るい笑顔。ところが、そのマイクが重度の心臓病だという診断を受けてしまうのです。

ジョンは心臓の移植待機者リストにマイクの名前を載せてもらおうとしますが、パートタイムに格下げになったジョンの保険では適用できないものでした。

ジョン夫妻はなんとか金策に走り回りますが、支払いが足りないために病院からは退院勧告が出されます。なす術がなくなったジョンは、とうとう医師や患者を人質に救急病棟を占拠。マイクを移植待機者リストに載せることを要求する、という内容です。

アメリカの医療制度、保険制度の問題点が浮き彫りにされた非常に興味深い映画なのですが、ここでの問題はそれではありません。

アメリカで中流幻想が崩れるのは、こういうときだそうです。

①家族が病気をしたとき
②子どもが大学に行きたいと言い出したとき
③年1回のバケーションに行けなくなったとき

彼らには持ち家があり、車も所有し、夏にはジェネレーションX世代が何より楽しみにしている2週間のバケーションに出かけ、普段は平穏無事な暮らしができる、一見、中流家庭です。

彼ら自身にも「中流だ」という自覚がある。

ところが、**家族の誰かが病気をしたり、何かコトがあったときに、即座に対応できるだけの余裕はない**のです。

普段、それほど多くない給料を消費に回しているので、貯金はほとんどありません。そこではじめて、自分が貧困層だったとわかるのです。

そういう家庭では、子どもを大学にやるための学費もありません。だからアメリカではあれほど学生ローンの重荷が報道されているのです。

しかし、もっと大きな問題は、これがもうアメリカだけの問題ではないことです。日本でも、同様の問題がすでに浮上してきているのです。

■貧困現象から「孤独」を読み解く

私がある地方新聞社の方とお会いしたときに聞いた話では、田舎では世帯年収が2、3

00万円でも、十分に中流生活が営めるのだそうです。

親と同居して一戸建てに住み、夫はマイルドヤンキーが好むミニバン、妻は軽自動車に乗り、月に4、5回はファミレスや回転寿司などで「家族で外食」ができる。

多分、どこの地方でもこんな感じで暮らしている人たちは多いでしょう。

それはそれで別にいいのですが、問題は家族の誰かが病気をしたときや、子どもの大学進学のときなのです。

一例を挙げれば、福岡で一番優秀な県立高校では、学力優秀なのに行きたい大学を受験できないという子どもたちのために、基金を作ろうという話が持ち上がっています。「東大だって夢ではない」という秀才の子であっても、受験料や東京までの往復の交通費、宿泊費を親が負担できないため、泣く泣く地元の大学に行くしかないという子どもたちがたくさんいるからです。

受験するための往復の交通費すら出せなければ、東京で下宿をさせたり、年々上がっている学費を家計で賄うことはもはや絶望的です。

かつて一億総中流といわれた時代は、子どもたちをこぞって都会の大学へと出してやりました。それまで進学したくても家の経済事情でできないという人たちがたくさんいたのが、ようやく一般家庭でも、子どもが望めば下宿をさせて都会の大学に行かせてやることができるようになったのです。

子どもたちは子どもたちで、行きたい大学に行くために、必死になって勉強しました。勉強を頑張れば、親や周りも褒めてくれるし、今よりいい生活、豊かな生活ができる可能性も高くなる。アグレッシブに野心を追いかけていました。

しかし、これだけ豊かになった日本で、子どもの行きたい大学にも行かせてあげられない家庭が増えている。昔に逆戻りしているのです。

こうした問題は、東京へのアクセスが悪い地域ほど不利になるとはいえ、ここまで深刻化していたら、もう場所の問題、アクセスの問題だけではありません。日本は完全にアメリカ化していると考えていいでしょう。

みんなが地元に残るから自分も地元で就職し、みんながしている生活をする。将来に対して不安に思うことがあっても、仲間に交じって今の安心を優先していたら、こんな現実に直面することもあるわけです。

■「みんなと同じ」マインドから抜け出す人

実際、こうした貧困の問題は他人事ではなくなっています。私の読者からもこんなお便りが届きました。

〈私の父親は現在68歳で、難病特定疾患のパーキンソン症候群を患っています。年々、少しずつ悪くなっているようで、父親自身もこの先が不安になるようです。なぜ不安になるかというと、やはり経済的な問題です。パーキンソン症候群の医療費は全額無料ですが、この先もずっとそれでいけるかというと心許ない。医療費削減に向かっているなか、今後は病院に入院させても、症状が少しでもよくなればすぐに退院させて在宅での看病を強いられるような気が私にはします。

そこで、問題になってくるのはやはり経済的な問題です。父親は国民年金なので、平均すれば月に7万円程度しか貰っていません。預貯金は数百万程度で決して潤沢な老後資金があるわけではありません。自宅は持ち家ですが、田舎の古い家なのでほとんど資産価値もありません。私には兄弟が2人いますが、皆それぞれの生活で精一杯で親に援助をする余裕がありません。このような状況に置かれている人は、親の病気や介護についてどのような選択をしていくのが賢明なのでしょうか？〉　（一部要約）

こうした問題に現実に対処しなければならないとき、私からはよいケースワーカーやケアマネージャーを探して相談するという以上に、具体的なアドバイスはできません。しかし、こうした問題に陥らないために、きちんと子どもに教育をつけ、自分も可能な限り情報を集めて、負け組にならないように気をつけないといけないということだけは強く主張できます。

このお便りをくれた私の読者は、将来の心配をいまから見据え、なんとかできることをやろうとしています。これは「みんなと同じ」マインドからは抜け出しているということです。

■「しかたがない」とあきらめない

こうした貧困現象を「孤独」という観点から見ると、みんなと同じでいることで安心感を得ているということの一種の代償になっているともいえます。

政府の金持ち優遇政策を肯定したり、肯定しないまでも受け入れたり、政治に無関心でいたりするということは、自分の生活への当たり前の不満や不安が言えなくなるということです。

「なんとなく変だ」

「自分は損をしているのではないか」

そう思っても、社会で起きていることの本質を見抜けず、メディアの言うなりに考え、周囲に同調してばかりいれば、その原因を明確に認識することは困難でしょう。

貧困というのは、ただでさえ社会のなかでの疎外感をもたらします。

息子の心臓移植手術のためにジョンQが病院に立てこもるしかなかったように、誰も味方になってくれる人はいない。

しかしジョンQは、犯罪行為ではあるとはいえ、息子のために思い切った行動に出たのです。

ジョンQのような状況になったとき、「しかたがない」とあきらめてしまうか、それでもなんとかしようともがけるかは、孤独に飲み込まれてしまうか、孤独に打ち克てるかの違いでもあります。

「みんなと同じ」予定調和のマインドで生きていたら、絶対になんとかすることはできません。「なんとかする」というのは、予定調和からはみ出た行動だからです。

私たちは、自分の行動がどんな感情に由来しているのか、どういう人間として生きていきたいのかを、改めて考えていく必要があるでしょう。

習慣2

「友達が多い」を求めない

「孤独」と「疎外感」は違う。
なぜ、仲間といても不安を感じるのか？

孤独の効用を知る

■「天才」たちの孤独

世の中には「天才」と呼ばれる人たちがたくさん存在しますが、彼らの人生を覗いてみると、孤独であった時期を持たない人はほとんどいないのではないでしょうか。

万有引力の法則を発見したニュートンは、生まれる3ヵ月前に父親が他界し、3歳で母親が再婚して家を離れ、幼くして両親の愛情を知ることなく育つことになりました。

祖母の手で育てられた**ニュートンは、成長してからも物思いにふける内気な性格で、遊び友達もなく、同年代の子どもたちからは始終からかわれていた**といいます。

そんなひとりの時間を埋めるためか、家のいたるところに日時計を刻むなど、ちょっと変わった子どもでした。

いっぽう、ニュートン以来の物理学の常識を相対性理論によって塗り替えた「20世紀最大の科学者」といわれる**アインシュタインは、学習障害があったともいわれ、興味のあることにはとことん熱中する反面、興味のないことにはとことん無関心でした。**言葉を発するのも人一倍遅かったそうで、5歳ごろまであまり言葉を話さなかったといいます。

学校の成績にもムラがあり、数学や物理など非常によくできる科目があるいっぽう、歴史や語学は全然できない。アインシュタインが進学したチューリッヒ連邦工科大学も一度は不合格になっています。

大学卒業後は、同級生たちが大学にそのまま残り、助手としての職に就いたのとは対照的に、アインシュタインは教授から「なまけもの」という烙印を押され、大学には残してもらえませんでした。

結局、アルバイトなどで糊口をしのぎながら2年も職探しをすることになり、ようやく特許庁に勤められることになりましたが、彼にとってこの2年間は「周囲に認めてもらえない」という失意の連続だったことでしょう。

そんな彼らが世の中を一変させるような大発見をした背景には、「孤独であった」ということが少なからず関係しているはずです。

彼らは孤独に負けずに、孤独の時間を思索にあてたのです。

■「孤独」と「思索」の親和性

フランスの小説家、スタンダールは、天才の特徴を「凡人が敷いたレールに自分の思想を乗せないこと」と言っていますが、まさにそのとおりでしょう。

孤独の時間は、いろんな事柄を自分の頭でじっくりと考える時間を与えてくれます。「これは本当にそうなのかな?」と、世間の常識を鵜呑みにせずに考える時間を与えてくれます。

そういう習慣が彼らの思考の独創性を高め、のちの大発見へと導いてくれた。

みなさんは、ニュートンやアインシュタインのように世紀の大発見をしたいわけではないかもしれません。

でも、現在「天才」と呼ばれている彼らも、最初から世間に期待され、大事に扱われていたわけではないのです。

「無名」の時代には、将来がどうなるかわからない心細い存在、ただひとりの青年でした。

彼らが凡人と違ったのは、孤独に負けて飲み込まれ、自分の頭で考えることを放棄したり、酒やゲームに溺れて時間を無為に過ごしたりしなかったということ。

孤独というものは、それに飲み込まれてしまうと依存症などの重大な問題を引き起こしますが、独創性を養い、自分ならではの思索をまとめるためには、非常に大きな効用をもたらしてくれるものなのです。

■孤独はオリジナリティを獲得するチャンス

「彼らを天才たらしめたのは孤独である」という言い方もできます。なぜなら、**孤独でなければ、独創性や斬新な発想など生まれてくるはずがない**からです。

考えてもみてください。

「みんなと同じ」でいられて、世間の常識に疑問を持たずに生きていければ、それに対する疑問や葛藤など生まれてきません。

その枠から抜け出した発見をしたということは、彼らが「世間の常識に染まらなかった」ということに他なりません。

つまり、「世紀の大発見」をした彼らの人生の背景には、「みんなと同じではいられない」「世間の常識で考えることができない」という状況があった。いかに天才であったとしても、彼らも一個の人間ですから、そこには一抹の苦悩があったでしょう。

しかし、彼らはそこから目を背けずに考え続けました。だからこそ世紀の大発見を成し遂げた。

あなたも、この本を手に取ったからには、何かしら孤独であるがゆえの葛藤を抱えているのだと思います。

みんなと同じでいられない。
世間の常識になじめないところがある。
自分がいいと思ったことを、他人に受け入れてもらうのが困難だ。
人には言えない悩みがある――などなど。

その孤独から逃げないで、とことん向き合ってください。
自分の孤独にとことん向き合い、「なぜ、自分はみんなと同じではいられないのだろう」「なぜ、自分はみんなと同じ考え方をしたくないのだろう」と考えてください。

もちろん、答えは簡単には出ないでしょう。

でもそうやって考える過程が、自分独自のオリジナリティのある思考、生き方を育んでくれるのです。

孤独という状況ほど、自分のオリジナリティを導き出してくれるチャンスはありません。そうしてオリジナリティを確立した人は、他人には強く美しく、魅力的な人間として映ります。

スタンダール流に言えば、それこそが「凡人が敷いたレールに自分の思想を乗せないこと」、つまり天才の特徴です。

ニュートンやアインシュタインのように科学の世界で天才にはなれなくても、私たちは誰でも、自分の身の周りの世界で天才になれるのです。

「友達の多さ＝魅力」はウソ

■「孤独」と「疎外感」の違いとは？

これまで私は、「孤独」という言葉と「疎外感」という言葉をいっしょくたにして語ってきました。

孤独とは、言葉のとおり「ひとりぼっち」ということです。

疎外感というのは、周囲から疎まれているとか、集団に排除されているとか、仲間に溶け込めないときなどに感じる感情を指します。孤独と同じく「ひとりぼっち」であることによって意識する感情ですから、孤独と疎外感はほぼ同じ意味だと言えるでしょう。

しかし、厳密にいえば両者には多少の違いがあるように思います。というか、私は多少の区別を持ちたいと思っています。

なぜなら、**人はたとえ「孤独」「ひとりぼっち」だったとしても、疎外されていると感じなければ、「疎外感」は覚えないからです。**「孤独」が即座に疎外感を生み出すわけではありません。

これは当たり前のようですが、意外と重要な視点です。

「なんとなく周囲から浮いているな」

「自分はひとりぼっちだ」

と思ったとしても、それを恥じたり、受け入れてくれない周囲を恨めしく思ったりしなければ、人は疎外感というものを感じることはない。その事実を事実として、淡々と受け止めることができます。

そうすると、「孤独には孤独のよさがある、自分が自分でいるためには、多少の孤独は甘んじて受け入れなければならないんだ」というひらきなおりの境地に達します。

このひらきなおりの境地があってこそ、自分を客観的に捉えて、自分自身の孤独について思いを巡らすことができるのです。

しかし、孤独であることに疎外感しか感じられない場合、やはり人は自分の孤独からは目を背けたくなるでしょう。

「孤独」と「疎外感」は違う

孤独

ひとりぼっちだが
➡ 不安では……ない

ひとりぼっちだが
➡ 恥ずかしくはない

疎外感 ＝ 悪い孤独

ひとりぼっち ➡ どうしよう!?

ひとりぼっち ➡ なんかつらい…

孤独には孤独のよさがある。自分が自分でいるためにはある種の「ひらきなおり」が必要！

孤独を覆い隠してくれるツールに耽溺したり、「みんなと同じ」になって防衛しようとしてしまう。

たとえば、かつてひとり暮らしの高齢者や独身者の慰めとなったのはテレビでした。1日中テレビを付けっぱなしにしている人も珍しくはありませんでした。テレビから流れてくる人の声を聴くことで、「自分は一人じゃない」と感じられるからです。お年寄りには今でもそういう人が多いかもしれません。

現代でそれと同じような役割を果たしてくれるのはSNSです。SNSに投稿すれば、それを見た人から何らかのレスポンスが返ってきます。それによって「自分は一人じゃない」と感じられる。

しかし、テレビは言うまでもありませんが、SNSでも、血の通い合ったコミュニケーションというのは稀です。というのも、SNSは個人的な悩みを相談したり、人と違う意見を主張したりする場になりにくいからです。

風変りな詩を書いたときに、SNSでそれを発表して「どう?」と聞く人は少ないでしょう。親友になら自分をさらけ出す勇気を持てたとしても、SNSで不特定多数の人に自分の内面をさらけ出す勇気はなかなか持てません。その勇気が持てれば、SNSも深くわかり合える相手を見つけるツールになり得ると思いますが、不特定多数に見られる場だと思うと、勇気のハードルが上がってしまうのです。

そうなると、投稿するのは多数派の意見、予定調和の意見、毒にも薬にもならないマイルドなコメント、批判されにくい内容になります。すると、返ってくるレスポンスも定型的なものにならざるを得ない。つまり、表面的なやり取りに終始しがちで、自分のことを深く深く深く理解してくれるような人と知り合える確率は低いということです。

フォロワー数が増えた、減ったと一喜一憂するのは、孤独から目をそらす効果はあるかもしれませんが、それはあくまでも覆い隠しているだけ。そこに耽溺していては、孤独と向き合って考えることはできません。

あなたが「あなたらしさ」を確立するためには、まず孤独と向き合うだけの強さを身に付けなければならないのです。

■「孤独＝悪」は作られた既成概念

では、どうしたら孤独に飲み込まれないだけの強さを獲得できるのか。

まずひとつには、「孤独は決して悪いものではない」と認識し、自信を持つことです。

日本という社会のなかでは、「孤独＝悪」として捉えられることが多々あります。

食事をするのも、飲みに行くのも、旅行に行くのも、ショッピングに行くのも、誰かと一緒でないとイヤだ。寂しそうな人だと思われたくない。一緒に行ってくれる相手がいないと思われたくない。

子どもがひとりぼっちで遊んでいたら、親は「ウチの子には友達がいないのだろうか。かわいそうな子だ。大丈夫か」と心配する。

前述したように、「便所飯」「ランチメイト症候群」が話題になったときには、日本人の約2割がひとりで食事をすることに抵抗があるといわれました。「便所飯」も「ランチメイト症候群」も、学校や職場で昼食を一緒にとる相手がいないのが恥ずかしくて、トイレや図書館などで隠れてお弁当を食べることをいいます。

実際、私もある男子大学生から、こう聞いたことがあります。

「学食でひとりで昼飯を食べていたら、いかにも友達のいない人間だと思われそう。だから、学食に行くときにはスマホで誰か友達をつかまえてから行きます。誰もつかまらないときには学食には行きません」

これは、実際にひとりでいるのが寂しいわけではないのです。**周囲から「友達のいない人だ」と見られることが怖いのです。**

「友達がいない」という言葉は、「人間としての魅力に欠けている」ということとほとんど同じ意味で使われている。他人の視線がプレッシャーになって、孤独は悪いこと、恥ずかしいこと、健全ではないこと、なんとなく低く見られることになっているのです。

昔、日本にあった「村八分」の文化では、みんなと同じ共同体に属することがひとつのステータスであり、美徳でした。立派な人間であると認められるためには、みんなと同じ共同体に属することが条件だったのです。

そこに属せない人たちは、下に見られて「村八分」にされました。それは一般の村人たちにとって、なによりも恐ろしいことであったのです。

こうした価値観は、「村八分」にされることこそ払拭されつつあるとはいえ、「美徳」であったほう、つまり「共同体に属す」という感覚はいまだに深く根を張っています。

とくに学校文化に根強く残り、社会人になってからもその価値観を引きずっている人が多いのでしょう。

■オタクを見習え！

人の視線が怖い、周りからどう思われるか怖いというのは、誰にでもあることです。

しかし、ひとりでいるということは、別に悪いことでも恥ずかしいことでもありません。

オタク道を極めた人が、

「もう人からどう思われようが関係ない、オレはオレの好きな道を行くんだ」

と開き直るように、みなさんも「私は私。他人は他人」と開き直ってみればいいのです。

こうした面では、オタクの人たちを大いに見習うべきでしょう。

実際のところ、「みんなに合わせなければいけないなんて、不便きわまりない」とか
「多少、浮いていたって別にどうってことない」と思う人は、集団になじめなくてもあまり気にしません。前述したように、人は疎外されていると思わなければ、疎外感というものを感じることはないからです。

「みんなと一緒にいないとダメなんだ」

「孤独」=「悪い」は本当か？

孤独を「悪い」と決めたのは
あなたの頭の中です！
それをすこし変えてあげましょう

「仲間に入れてもらえるだろうか」

そう思うから、疎外感というものが湧き起こってくる。「孤独＝疎外されている」のではなく、「孤独＝悪い＝疎外されている」という図式なのです。

だから、その図式をちょっと変えてあげればいい。「孤独＝悪」と考えるのはやめ、「孤独＝ひとりの時間＝ひとりきりでゆっくり考えるチャンス」と捉えましょう。

ひとりの時間は、あなたにとって大切な思索のための時間なのです。

■「友達がいないとダメ」という考え方は可能性を狭める

友達がたくさんいようがいなかろうが、それはあなたの人間的な魅力を測るモノサシにはなりません。いくらたくさん友達がいても、表面的なつきあいしかできないのなら、いてもいなくても同じ。むしろ、そういうつきあいのなかでは「自分」の存在が希薄になってしまい、孤独感が増してしまうことすらあるでしょう。

反対に、友達が少なくても、本音で語り合える深いつきあいができるのなら、それは100人の友人に値するかもしれません。

もちろん、たくさんの人から好かれるような賑やかな人、朗らかな人は、つきあっていて気持ちがいいものです。とても魅力的に映るし、そういう人に憧れたりすることもあるでしょう。

でも、それだけが人間の魅力ではないのです。

思慮深さがあるとか、人に対してさり気ない思いやりの気持ちを示せるとか、冷静沈着な判断ができるとか、ものごとを深く考え抜けるとか、自分がブレないとか、人にはもっといろんな魅力があります。

大勢の友人がいるという魅力だけに捉われる必要はありません。

もし、あなたが友人の多いタイプで、それこそが「自分らしさ」だと感じているなら、そこをもっと追究していけばいいでしょう。

でも、そうではないなら、あなたはあなたの自分らしさを見つけたほうがいいのです。

あなただけの自分らしさが見つかれば、それが他人には「魅力的だ」と映るのです。

「友達はたくさんいないとダメだ」

「友達がいないなんて、魅力がない証拠」

こう考えることは、あなたの可能性を狭めること。

世間の常識にとらわれる必要はありませんよ。

習慣3

「読書の世界」に入り込む

知識を増やすと、言葉が増える。
そして「他人」にやさしくなれる

読書こそ最大の「体験」

■知的に武装する

自分の頭でものごとを考えるには、知識と見識が必要です。そして、自分の頭でものごとを考える習慣が身につけば、知識や見識もおのずとついてきます。

知識や見識なんていうと「難しそう」と身構えられてしまうかもしれませんが、じつはこれは日々の心がけ次第で誰でも訓練することが可能です。

まずあなたが心がけるべきなのは、言葉のセンスを磨くこと。なぜなら、思考は言語が形づくるものだからです。

言葉を知らなければ、あなたの内側にあるぼんやりとした感情に、明確な形を与えることができません。

いろんな言葉、いろんな表現のしかたを知って、たくさんの言葉を自分の内側に蓄える。すると、それまで曖昧だった自分の感情が次第に言葉で言い表せるようになります。言葉を与えられた感情は、あなたの脳のなかでさまざまな方向に展開します。こうしたくり返しによって、次第に思考が深まっていくのです。

そのための近道は、いうまでもなく「読書」です。

普段からなるべくたくさん活字に接するようにすること。小説、哲学書、心理学や社会学、歴史の本、自己啓発書、ビジネス書、自然科学の本、実用書、週刊誌などいろんなジャンルを横断的に読むのが理想でしょう。

読書に「座学」というイメージを持っていて、実際に自分が体験したことには及ばないと考えている人もいるかもしれませんが、登場人物の感情を追体験し、著者の見識を学び、言葉で表現された思考を読み取るという訓練も、間違いなくあなたの「体験」のひとつになります。

現実の世界で個人が体験できる事柄にはかぎりがありますが、読書の大海原《おおうなばら》にはかぎりがありません。読書はあなたが実際には体験できないことも含めて、さまざまな「体験」をさせてくれる非常に優秀な教師なのです。

そして、あなたの感情に言葉を与え、論理的な思考ができるように知的に武装するためのツールでもあるわけです。

■「謙虚さ」は知識によって育まれる

よく言われることですが、知識というのは「島」のようなものです。

人は生まれ落ちたときには無知の存在です。成長するにしたがい、さまざまなことを学び、覚え、知識を蓄えていきます。こうして知識が増えるほど、普通は知らないことが減っていくと思うでしょう。学校の宿題だって、やればやっただけ減っていきます。

ところが、知識の場合は反対なのです。

知れば知るほど、どんどんわからないことが増えていく。

最初、石ころのように小さかった知識が、あなたの努力によって、少し大きめの岩くらいに成長したとしましょう。あなたの知識が石ころの島だったときも、岩くらいの島に成長したときも、周囲は海に囲まれています。島が「知識」、海が「わからないこと」です。

知識をつけるごとに、島は確かに大きくなっていきます。しかし、島が接している海岸線も、それに相関して大きくなってしまうのです。

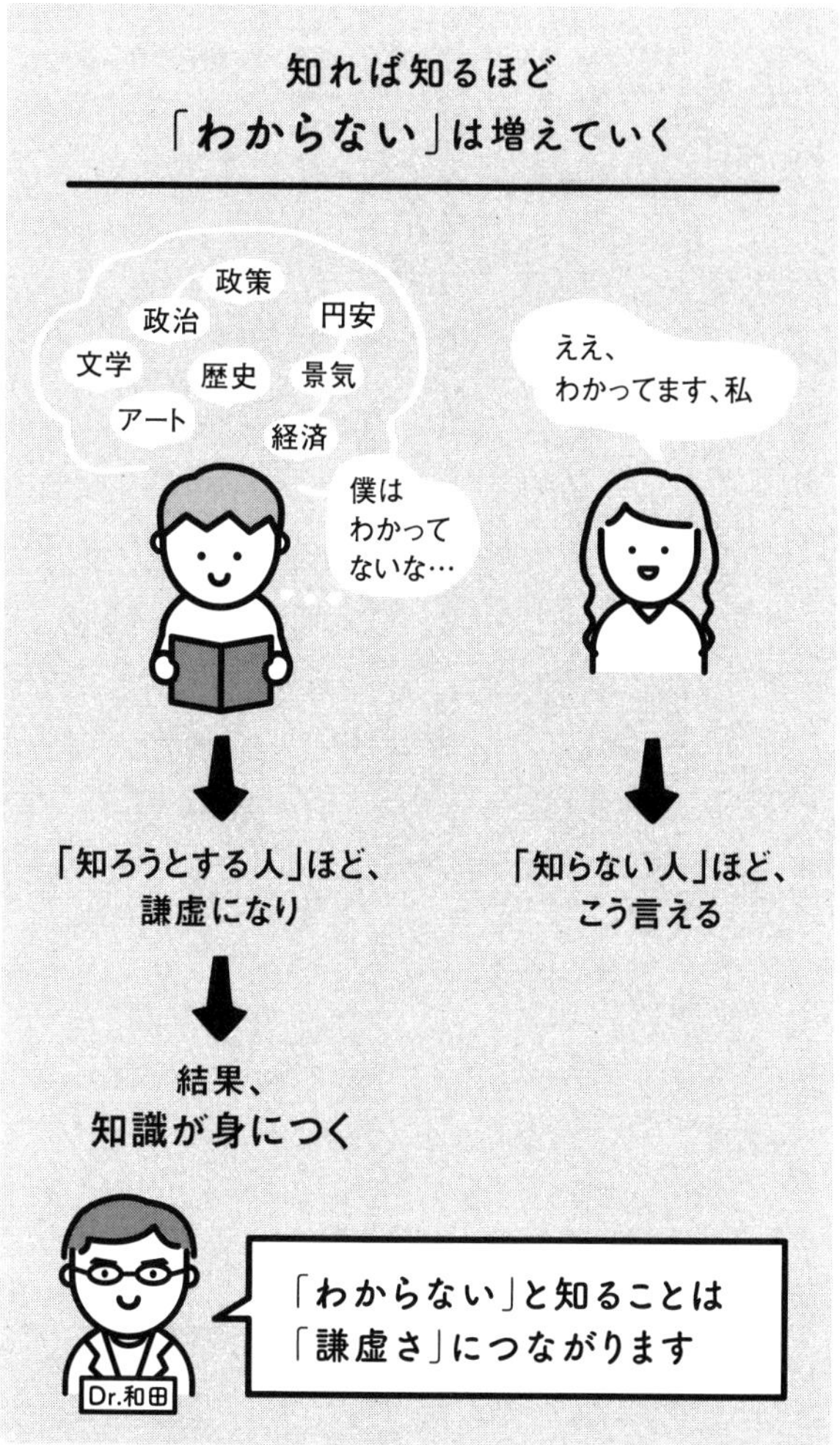
知れば知るほど
「わからない」は増えていく
政策
政治
円安
文学
歴史
景気
アート
経済
ええ、
わかってます、私
僕は
わかって
ないな…
「知ろうとする人」ほど、
謙虚になり
「知らない人」ほど、
こう言える
結果、
知識が身につく
Dr.和田
「わからない」と知ることは
「謙虚さ」につながります

つまり、ひとつわからないことを知ると、それによってさらにわからないことが増えるということ。世の中の謎を知るために知識を身につけても、謎はどんどん深まっていくばかり。だから、知識を身につけるということには終わりがありません。

ギリシャの哲学者、ソクラテスが言ったように、「自分が知らないということを知っているのは、知らないということを知らないよりも優れている」ものです。

知識を身につければ、自分が「知らない」ということを知ることができます。

それが「謙虚」という気持ちを生むのです。

■知識がある人ほど「笑って」すませられる

知識のある人ほど、他の人がどう考えているか、どう感じているかを知りたいと思い、他人の話に耳を傾けられます。自分の考えとは違っていたとしても、一刀両断に切り捨てたりはしません。すぐに感情的になったりせず、冷静な議論ができます。人の意見を聞くという謙虚な気持ちがあるからです。

もし、相手がすごく思い込みの激しい人で、自分の感情をむき出しにしてきたとしても、「まあ、ここは言わせておこう」と笑ってすませられます。その場の「勝ち負け」にこだわらずにすむのです。

ところが、自分の意見を声高に言う人ほど、自分とは違う意見を聞いたとき、十中八九、受け入れられません。彼らは「演説」ができるだけで、「議論」はできないのです。

この両者を比べてみれば、どちらがより孤独に強いかは、一目瞭然です。

自分の意見に固執する人は、自分の意見が受け入れられなければ、疎外されたと感じます。「みんなバカばっかりだ」「こいつらはなんてわからず屋なんだ」とひねくれるしかありません（後述するように、ときにはこう考えることも有益ではありますが）。

しかし、自分の意見があったとしても、「世の中には自分の知らないことが山ほどある」と知っている人は、自分の意見に固執せずにすませられます。相手の言っていることが間違っていると思っても、柔軟に対応できます。相手の意見に耳を傾けられるので、一緒におしゃべりしていて楽しい相手と認識されます。

知的に武装するということは、あなた自身の生き方の指針を得るためにも必要ですが、他人とのかかわり方をスムーズにするにも必要なものです。

誰かと議論をしたいとか、自分の賢さを誇りたいとか思っていなくても、人生を豊かにするために、知的な武装はしておいたほうがいいのです。

「自分」を知る

■「自分」のことほどわからない

不思議なことに、自分のことが一番よくわかるのも自分ですが、自分のことが一番わからないのも自分であるといえます。

先ほどの「知識は〝島〟みたいなものである」という話と似ていますね。自分のことを知れば知るほど、自分のことがよくわからなくなる。

「自分」の不思議な部分です。

ですから、「自分らしさを見つけよう」とか「自分の得意ジャンルを伸ばそう」などと言われても、何をどうしていいのか見当もつかないという人は、きっと多いはず。

じつは、そんなときにヒントをくれるのも読書なのです。

読書には「自分」を知るという効用もあるからです。

あなたの書棚に並んでいる本を眺めてみましょう。どんなタイトルの本が並んでいますか？　どんな傾向の本が多いですか？

過去に読んできた本には、あなたが目指してきたものが隠されています。

あなたが何に興味を持っているのか、あなたが面白いと思うものは何なのか、あなたが好きなのはどんな世界観なのか、さまざまな事柄を浮き彫りにしてくれます。

「手当たり次第に読んできたようでも、好みの基準があって、それがいまの自分を作っているんだなと気がつく」

これは、ある大学教授の言葉です。過去に読んできた本を再び手に取ってみると、自分の目指していたものがはっきりと見えてきて、次に自分がどうするべきか、テーマが浮かんでくるのだそうです。私もそのとおりだと思います。

自分の輪郭があやふやになっているときには、書棚を眺めて、過去の読書を思い出してみましょう。過去に読んだ本が「自分」のことを教えてくれます。そして、あなたの次なるテーマも、おぼろげながらであっても浮かんでくることと思います。

「積《つ》ん読《どく》」という言葉がありますが、たとえ買っただけで読んでいなくても、あなたの興味の一端を垣間見ることはできますよ。

「なぜ自分がその本を買ったのか」ということに思いを馳せながら、今度こそ最後まで読み通してみるのも一興でしょう。

■お手本にすべき人は本のなかにいる

「ロールモデル」という言葉があります。「お手本になる人」という意味ですが、このロールモデルも本のなかに見出すことができます。

サラリーマンが池井戸潤さんの企業小説や藤沢周平さんの時代小説などを読んで、登場人物に自分を重ね合わせることはよくあることです。

フィクションだとわかっていても、登場人物の失敗や挫折が他人事とは思えず、彼らがたくましくその境遇を乗り越えていくのを固唾をのんで見守ってしまう。「よし、オレも頑張ろう」と思わせてもらえます。

現実に生きる人間は複雑で、それこそが人の魅力でもあるのですが、お手本にするには複雑すぎるきらいもあります。

しかし、小説に登場する人物のどういう部分が好きかというのは、文字で書かれているぶん、自分でも把握がしやすいのです。


どんなふうに人生を歩んでいきたいのか。

困難にどう立ち向かえばいいのか。

自分はどんな人間になりたいのか。


それらの難しい問いに、比較的、明確な答えをくれるのが、小説のなかの登場人物だと言えるでしょう。

私の知り合いの女性編集者はこう言っていました。

「実家に久しぶりに帰ったときに押入れの整理をしたら、子ども時代に読んだ本が出てきてすごく懐かしかったんです。なかでも『マチルダは小さな大天才』という児童書が大好きで、自分もこの主人公のような女の子になりたいと本気で思っていたのに、すっかり忘れていました。ちょっと反省しましたよ」

子ども時代に読んだ本というのは、鮮烈なイメージを残すものです。大人になってからは読書の習慣がなくなってしまったという人は、子ども時代に読んだ本を思い出してみるといいかもしれません。もしも今、孤独であるとあなたが感じているなら、なおさらひとりの時間があるはず。

子どものころですから、「世界を救うヒーローになりたかった」とか「正義の味方になりたかった」など、いまからすると突拍子もないことを考えていたかもしれません。

もちろん、ヒーローそのものになるのは無理です。

でも、それを「無理だ」と切り捨てるのではなく、

「そのヒーローのどういう部分に憧れたのか」

「今の自分に取り入れられるところはどこか」

こう考えてみてください。

自分のことがほんの少し見えてくると思いますよ。

「クリティカル・シンキング」を磨く

■思考は言葉が形づくる

この章の冒頭でもお話ししたように、思考というのは言葉があってはじめて成立するものです。

言葉にできないものは曖昧で捉えどころがなく、そのまま放置すればいずれ塵のように消えてしまうでしょう。考える材料が得られないので、思考が深まるわけがないのです。

もちろん、言葉にできるもののほうが大切で、言葉にできないものには価値がないなどと言うつもりはありません。その人にとって重要なのは、えてして簡単に言葉にできるものより、簡単には言葉にできない気持ちだったりします。

大切なことは、言葉にできないような曖昧な感情を見つめ続け、それに言葉を与えようとする努力だと思うのです。

私たちが知識と見識を増やしたいと思うことには、こうした言葉にできないものを、なんとか言葉にしたいという願いがあるからかもしれません。

ところで、マザー・テレサの名言に、ちょっと素敵なものがあります。


思考に気をつけなさい、それはいつか言葉になるから。

言葉に気をつけなさい、それはいつか行動になるから。

行動に気をつけなさい、それはいつか習慣になるから。

習慣に気をつけなさい、それはいつか性格になるから。

性格に気をつけなさい、それはいつか運命になるから。


ここでは「たとえ言葉として口にしていなくても、無自覚に思考していると、いずれそれを口にすることになる」という教訓として語られています。先ほど私が述べたような曖昧な感情というよりは、すでに言葉として表現が可能な感情、しかもネガティブな感情のことを指していると思われます。

しかし、この言葉のなかでもっとも興味深いのは、**「思考と運命は最終的につながっている」**という点です。

たしかに、意識的におこなった行動は「実現した」と表現できますが、自分で考えてもいなかったことが起きても、それは単なる「偶然」にすぎませんから、「自分で思考したことこそが実現する」ということは言えそうな気がします。

となると、私たちが自分の運命を意義深いものにするには、まず意義深い思考をすることから始めなくてはなりません。たくさん本を読んで、たくさん人の意見を聞き、あなたの思考に肉付けする材料を手に入れてください。

■「ひとり弁護士」訓練で創造性がアップ

思考の方法として意識的に身につけてほしいのは、「クリティカル・シンキング（批判的思考）」です。

私は、**「見識」とは「どれだけたくさんの人の立場に立って考えられるか」**ということだと考えています。

つまり、ひとつの意見を鵜呑みにせず、さまざまな方向、さまざまな人の立場から考えられるようになること。これこそが「見識を蓄える」ということに他ならないのです。

クリティカル・シンキングは、こうした思考の柔軟性を培うのにぴったりです。

具体的には、人の意見に触れたとき、「それは本当に正しいのかな？」「反対意見はできないかな？」と、「反論」をあえて試みるように心がけてみる。

私はこれを「**ひとり弁護士訓練**」と呼んでいます。

弁護士は、依頼人の話を聞いても、それをそっくりそのまま鵜呑みにしたりはしません。必ず裏付けをとって、客観的な証拠を得てから信じます。争いの調停をするにしても、双方の意見をよく聞いて判断します。

私たちも、「この意見は本当にそうかな？　別の視点で見ると違う意見にはならないだろうか」と、弁護士になったつもりで考えてみる。例えば、マスコミの袋叩きにあっている人を、弁護士になったつもりで、「いい点」を見つけてかばってみるのです。

これは、テレビで聞いた意見、雑誌で読んだ意見、友達の意見、ご近所さんから聞いた意見などなど、人の意見に接したときにはどんなときでも実践可能です。

その意見が腑に落ちようと腑に落ちまいと、なるべくさまざまな視点から、自分なりに考え直すように意識してみてください。

あなたはどれだけたくさんの人の立場に立って考えられるか？

目撃者の証言は
いかにも
正しい感じだ
でも被告人は
無実だといってる
のはなぜだろう?
自分が
弁護士だとして……
目撃者は
どんな人物
なのか?
私が被告人の
立場で
あったら……
もうひとり
別の証人にも
意見を聞こうか?
Dr.和田
考えれば考えるほど、
いろいろな可能性が
見えてくるのです

本に書いてあることも、鵜呑みにするより、別の立場ならどう考えるか、あるいは反論するなら何かできないかを考えてみるのです。

こうした訓練を重ねていくことで、人真似や「他人本位」ではない、自分なりの考え方、「自分本位」の思考ができるようになるのです。

「自分本位」の思考は、「みんなと同じ」で得た壊れやすい安心ではなく、本物の自信と安心をもたらしてくれます。

体のなかにひとつ芯がとおったような安心感が得られます。

ちなみに、こうした「反論」の訓練は、意欲や創造性を司る脳の前頭葉を刺激して、その若々しさを保つことにも役立ちます。

前頭葉が若々しいというのは、若々しい考え方ができるということです。ひらめきを得たり、面白いアイデアを思いついたり、意表をついた考え方をするためには、前頭葉を鍛えるのが一番ですから、そのためにも「反論」の訓練はよい「脳トレ」になりますよ。

習慣4

「味方」を見つける

「嫌われる勇気」を持って
本当の味方を探す

味方はたった「ひとり」でいい

■「真の自分」を見つけるためには他者が必要

ここまで、ひとりの時間の大切さ、思索の時間の大切さを述べてきましたが、ここで強調しておきたいことがひとつあります。

それは、**「本当にひとりぼっちでは、真の自分ではいられない」**ということです。

孤独はただ礼賛すればいいというものではありません。

精神分析的な考え方では、自分が本当の自分になれるときには、自分だけでなく他者の視点も必要なのです。絶対的な孤独のなかでは、自分を映し出してくれる他者がいないため、自分自身ですら自分を見失ってしまうからです。

孤独の効用を謳《うた》う本は数あれど、この点を度外視してただ孤独礼賛に走ってしまうと、孤独は害毒になりかねません。

人はそれほどストレス耐性が強い生きものではありません。本当の孤独、本当のひとりぼっちに耐えられるほど強い人間はいない。精神を蝕まれたり、依存症に陥ってしまったりします。

もしあなたが自分の本音を誰も聞いてもらえない状況にずっといたとして、それで真の自分になれたと思えるでしょうか。自分を受け入れてくれる他者がいてはじめて、真の自分の姿が見えてくる。そう思いませんか。

「あんなバカがなんで評価されるんだ。オレのほうが……」

「あそこの子よりウチの子のほうが……」

「あの子、性格の悪さが顔に滲み出てるよね。私のほうが……」

表面的には円滑な関係を取り繕っていても、こんなふうに、みなさんにも人前ではあまり言えない本音があるでしょう。

あなたには「親友」がいるか？

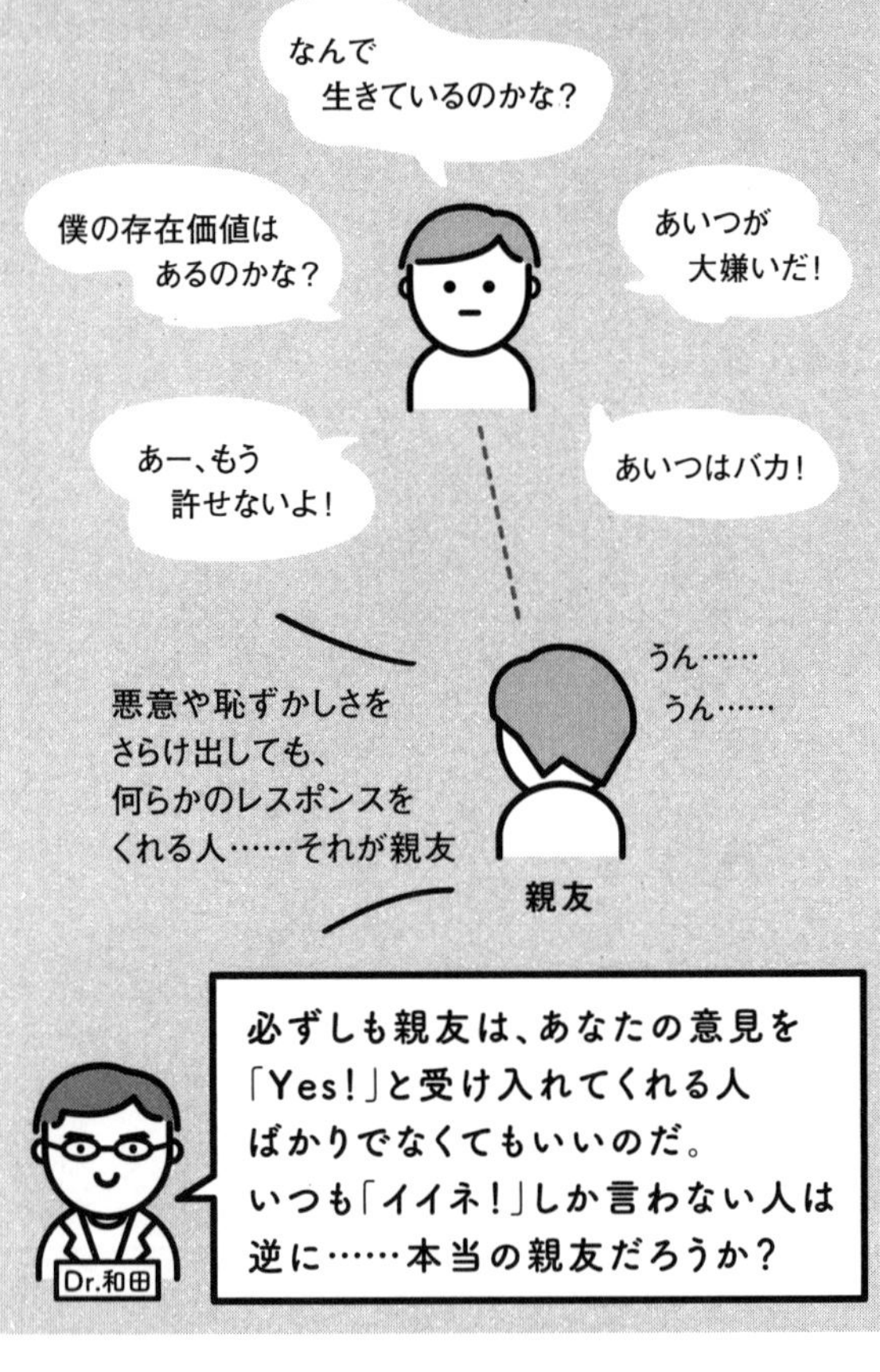
なんで
生きているのかな？
僕の存在価値は
あるのかな？
あいつが
大嫌いだ！
あー、もう
許せないよ！
あいつはバカ！
うん……
うん……
悪意や恥ずかしさを
さらけ出しても、
何らかのレスポンスを
くれる人……それが親友
親友
Dr.和田
必ずしも親友は、あなたの意見を
「Yes！」と受け入れてくれる人
ばかりでなくてもいいのだ。
いつも「イイネ！」しか言わない人は
逆に……本当の親友だろうか？

もっと深淵な悩みでもいいでしょう。

「人はなんのために生きているんだろう」
「オレの存在価値とはいったい、どこにあるのだろうか」
「死ぬというのはどういうことなんだろう」

のべつまくなしに人の悪口ばかりを言うのは別問題として、心のなかに湧いてきた本音や疑問、胸につかえている黒い感情を、腹を割って話せる相手がいるかどうかは、「人とつながっている」実感を測るひとつのバロメーターになります。

相手が必ずしも自分の意見に同意してくれなくてもいいのです。たしなめるなり反対意見を言うなり、判断保留の裁定を下すなりでもＯＫ。なんらかのレスポンスをしてくれればいい。

ただし、真剣に話に耳を傾けてくれて、その発言ひとつだけをとって自分の人間性を決めつけたりしない相手、というのが重要です。

そういう相手のことを、一般的には「親友」と呼びます。

■「受け入れられ体験」がいつのまにか心を強くしてくれる

周りの視線に脅かされずひとりの時間を過ごせるかどうか、「他人は他人、自分は自分」と思える強さを身につけているかどうかは、それまでの「受け入れられ体験」の多さ・少なさも大きく影響しています。

「この人は自分のことを受け入れてくれている」

「こんなことくらいで、この人は自分のことを嫌いにならない」

そう思える相手がいるのは、人を精神的にとても強くしてくれるのです。

親友以外に、親や兄弟、恋人や配偶者などがそういう相手になってくれる場合もあるでしょう。彼らは非常に心強い存在です。

■エジソンとその母のすごさ

トーマス・エジソンも、母親からの「受け入れられ体験」に救われたひとりです。

エジソンといえば、白熱電球や蓄音機など、1000を超える発明をした「発明王」として知られていますが、彼はADHD（注意欠陥多動性障害）とLD（学習障害）、さらにディスクレシア（読字障害）であったと言われています。

子ども時代からけっこうなヤンチャぶりで、「火はどうやって燃えるんだろう？」と思えば、自宅の納屋で藁に火をつけて全焼させ、小麦の倉庫のなかが気になれば、高い場所にある窓によじ登って転落する。とにかく手のかかる子どもでした。

小学校でも、算数の授業で「1＋1＝2」と習えば「1個の粘土と1個の粘土を合わせたら大きな1個の粘土になるのに、なぜ2個なの？」とか、英語の授業でアルファベットを習えば「A《エー》はどうしてP《ピー》とは呼ばないの？」などと、先生を質問攻めにして困らせたという逸話が残っています。

教師からすれば、落ち着きがなく、じっと座っているのが困難で、教えたことをすんなり受け入れられないエジソンが厄介でしかたがなかったのでしょう。

エジソンは「君の頭は腐っている」とひどい言葉を浴びせられ、他の子どもたちの迷惑になるということで、わずか3ヵ月で小学校を退学するという不名誉なことになってしまいました。

まだADHDやLDという概念がない時代だったため、しかたがないといえば、しかたがないのかもしれませんが、「君の頭は腐っている」というのは、子どもを傷つけるのに十分な言葉です。エジソンも心を痛めたに違いありません。

そんなエジソンの絶対的な味方になってくれたのが、彼の母親だったのです。

エジソンの母は、学校に見放されたエジソンを自分の手元で教育することを決意。落ち着きのないエジソンが勉強中に立ち歩きをしても、机に戻ってくれれば「戻ってこられて偉いわね」と褒め、話をちゃんと聞いたときには「あなたは賢くなるわ」と褒めたそうです。

エジソンはたくさんの発明もしましたが、失敗が多かったことでも有名です。

「私は失敗したことがない。ただ1万通りのうまくいかない方法を見つけただけだ」

という名言は有名ですが、失敗してもあきらめない不屈の精神や粘り強さは、母からの「受け入れられ体験」によって磨かれたものでしょう。

エジソン自身、「何があっても支えてくれた母がいたから、いまの私がある」「どんなに苦しいときでも、母を喜ばせたくて私は努力を続けることができた」と述懐しています。それがあったからこそ、彼は世界的に有名な発明王となれたのでしょう。

私たちは自分のことを受け入れてくれる他者の存在があってはじめて、自分の本領を発揮できるようになるのです。それを忘れてはいけません。

■リーダーを支える相棒

よく「経営者は孤独だ」と言われます。

常識や慣習に立ち向かうアグレッシブな姿勢を理解されなかったり、リーダーとして人に悩みや愚痴を言えなかったりするからですが、彼らだって本当の意味での孤独ではありません。本田宗一郎氏には藤沢武夫氏がいたし、トヨタの豊田《とよだ》家には石田退三氏がいて、ソニー創業者の井深大《まさる》氏にも盛田昭夫氏がいました。イトーヨーカ堂グループの創業者、伊藤雅俊氏には鈴木敏文氏という懐刀がいたし、ソフトバンクの孫正義氏には嶋聡氏という人がついていて、楽天の三木谷浩史氏には國重惇史氏がいました。

いずれも社長の右腕、相談役といった立場の人々です。

そう、**名経営者には、つねに名参謀がついている**ものです。

自分の理解者、賛同者がいてこそ、人は思い切ったことが決断できる。周りの目を気にして臆病になったりしなくてもすむ。

そうでなければ、とても思い切った決断などできないでしょう。

もちろんリーダーにとって、最後の拠りどころになるのは自分自身です。たとえ相談役

「経営者は孤独だ」けれど

ホンダ
本田宗一郎・藤沢武夫

トヨタ
豊田家・石田退三

ソニー
井深大・盛田昭夫

イトーヨーカ堂
伊藤雅俊・鈴木敏文

ソフトバンク
孫正義・嶋 聡

楽 天
三木谷浩史・國重惇史

がいたとしても、最後は自分で責任を持たなくてはいけない。
そういう意味で、リーダーの背負う孤独は人より大きいといえるかもしれません。大き

な会社を率いるには、大きな責任が伴うからです。

でも、あなたの行動も、最後にはあなたが責任を持たなくてはならないのです。それはリーダーであろうがなかろうが同じです。

最後に自分で責任をとるのなら、やはり自分の意思で行動したい。

人の言うまま、なんとなく流されて行動していたら、自分自身のなかで責任の所在が曖昧になってしまいます。

そのためにも、たったひとりでもいい。あなたも自分のことを理解してくれる人を見つけましょう。

「受け入れられ体験」を増やすコツ

■つねに「アウェー」だった子ども時代

私は子どものころ、ずっといじめられっ子でした。

小学校2年生で大阪から東京へ引っ越したときには「大阪弁をしゃべる」といじめられ、4年生で大阪に戻ってきたときには「東京の言葉を使う」といじめられました。

子どものころから人とのコミュニケーションの取り方が下手で不器用、うまく周りとなじめないうえ、過去にいじめられた経験もジャマをして、父親の仕事の関係で引っ越しが多かったのに、ゼロから人間関係を築いていくのが本当に苦手だったのです。

私は広島には住んだことはありませんが、広島カープのファンです。

理由は単純で、東京の人なら巨人ファン、大阪の人なら阪神ファンであるべきだという

「押し付け」を心の底から嫌悪したからです。

「地元」という感覚が乏しく、つねに「アウェー」にいるような気分を味わっている子どもにとって、そこの〝地元の星〟のような野球チームをみんなと一緒になって応援するというのは、なかなか耐え難いことです。

「自分をいじめるような人間たちと同じ野球チームなんか、応援するか！」という反骨精神もあったでしょう。私にとって巨人や阪神を応援するというのは、嫌われないために人の顔色を窺《うかが》うこと、同調圧力に屈することに他ならず、「そんなことは絶対にしたくない！」と思ったわけです。

いじめられた子どもは「自分は受け入れられない人間なのだ」という疎外感と直面することになります。

自信もなくしますし、「受け入れられないのは自分が悪いからだ」というネガティブな思考に落ち込むこともあります。

私だって、一歩間違えば自分というものを失くしてしまって、つねに人の意見に迎合するオドオドした人間になっていたでしょう。

しかし、私が今、曲がりなりにも自分の意見を言うことで仕事ができているのは、「自分にも悪いところはあるかもしれない。でも、いじめられるのは私が悪いわけではない」と、自己否定に走らずにすんだからです。そしてそれは、エジソンの場合と同様、母のおかげだと言えます。

私の母は少々変わり者で、東京に引っ越して私がいじめを受けたときには、

「そんなもん、東京の人間のほうが田舎もんなんや。相手にせんでええ！　歴史的に見ても大阪弁のほうが古いんや！」

と言い放ち、息子がいじめられているという現実にオロオロしたようすはまったく見せませんでした。それどころか、

「東京なんか田舎もんが作った街や。東京の言葉になんて合わせる必要はない」

と、いじめる側の文化を全否定した。

たしかに言われてみればそうなのです。「東京だから偉い」ということはない。

でも、もしこれが、

「東京に来たんだから、あなたも標準語をしゃべりましょうね。そうすればいじめられたりしないはずよ」

などと言う親だったら、私はきっととんでもないダメ男になっていたと思います。

いじめられっ子の私を救った「母の一言」

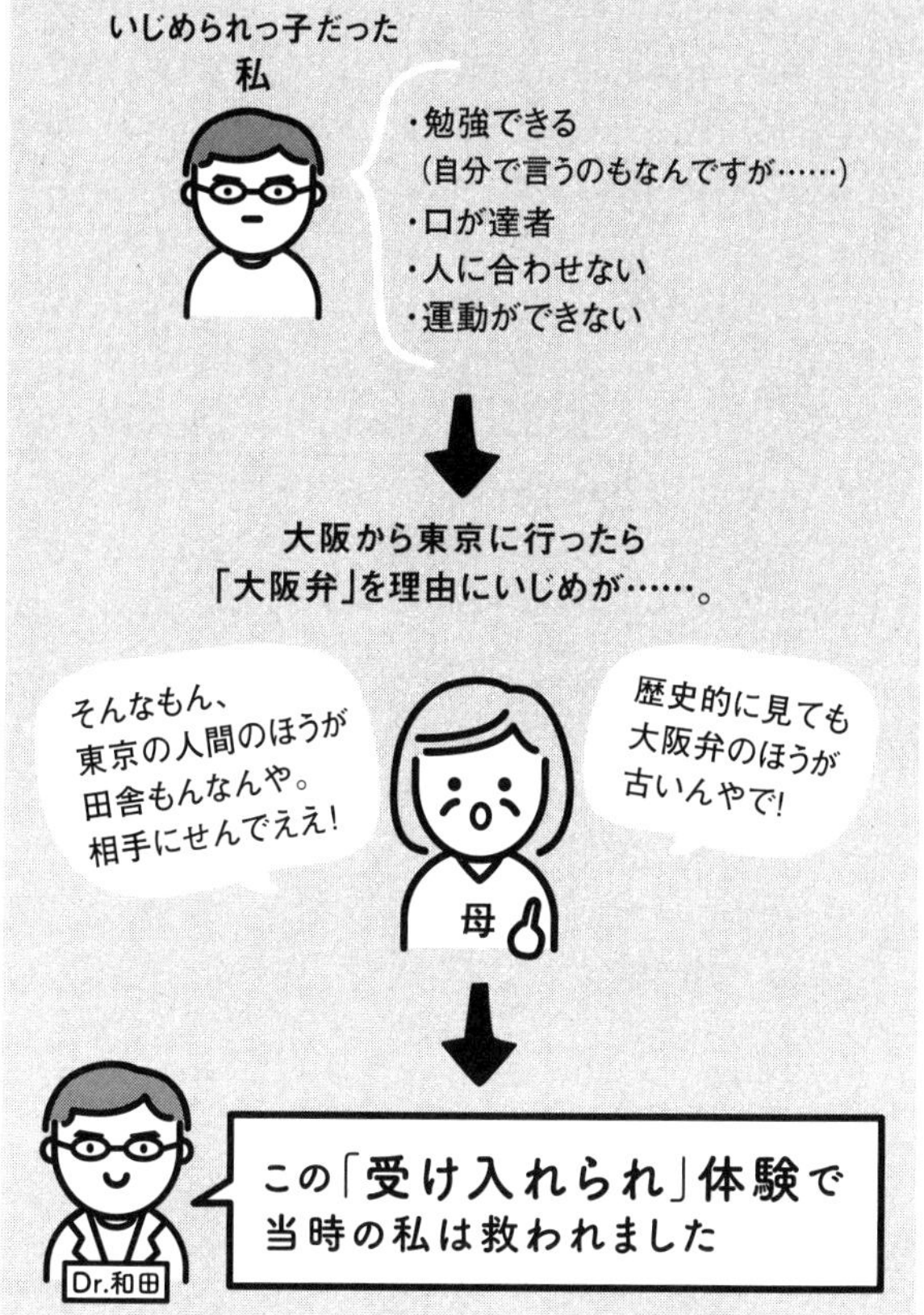
いじめられっ子だった
私
・勉強できる
（自分で言うのもなんですが……）
・口が達者
・人に合わせない
・運動ができない
大阪から東京に行ったら
「大阪弁」を理由にいじめが……。
そんなもん、
東京の人間のほうが
田舎もんなんや。
相手にせんでええ!
母
歴史的に見ても
大阪弁のほうが
古いんやで!
Dr.和田
この「受け入れられ」体験で
当時の私は救われました

■不器用さを恥じない

いっぽうで、母は私の気質を非常によく理解していて、

「お前みたいな社会適応の悪い人間にはサラリーマンなんか絶対無理だから、医者であれ弁護士であれ、何か免状を持ったほうがいい」

と、ことあるごとに言っていました。

それがこんにちの私、精神科医である私を形成しているわけですが、そうは言っても「社会適応が悪い息子＝ダメな息子」という認識ではなく、単にそれが自分の息子の気質なのだ、という淡々とした捉え方なのです。

こうした母の考え方に救われる部分がどれだけ大きかったか。

人間、得手不得手というのは必ずあります。

場の空気を読んで周囲に合わせられるというのもひとつの能力ですが、私のように周囲に合わせることは苦手だけれども、自分の意見を言えるというのもひとつの能力です。

単なる気質の差、なのです。

それを単なる気質の差と捉えられるか、「いじめられるような人間にはどこか悪いところがあるに違いない」と捉えるか。

「受け入れられ体験」は、受け入れてくれる側の存在も必要ですが、受けとめる側の素直さも必要です。

せっかく自分のことを受け入れてくれる人がいたとしても、いつもひねくれて言葉の裏側ばかり見ようとしていたら、受け入れられ体験は増えていきません。

自分に自信がない人にとっては、ちょっと図々しいような気がするかもしれませんが、**言葉の裏なんて気にせず、嬉しい言葉は、言葉のまま受けとめる。**自分にとって大切な人の前では、「自信がない」とか「お世辞なんじゃないか？」とか、余計なことはいったんリセットして、まっさらな心の状態で向き合ってみる。

嬉しいことを言われたら、素直に「ありがとう」と喜んでいればいいのです。

それが、受け入れられ体験を増やすコツなのです。

「嫌われる」を怖れない勇気

■「非常識」は「常識」より強い

「美しい女性を口説こうと思ったとき、ライバルの男がバラの花を10本贈ったら、君は15本贈るかい？　そう思った時点で君の負けだ。ライバルが何をしようと関係ない。その女性が本当に何を望んでいるのかを見極めることが重要なんだ」

これはアップルの創業者のひとり、スティーブ・ジョブズの言葉です。一見、なんてことのない恋愛術のように聞こえますが、よく考えると面白い発見があります。

まず、「バラの花を贈れば、女性は喜ぶだろう」という通説が本当に正しいのかどうかということ。

あなたからバラの花を贈られた女性は喜んでくれるかもしれません。でも、それはあなたの好意を喜んでいるだけかもしれないのです。もっと別のものを贈ったほうが、よりその女性を喜ばせることができるかもしれません。

そして、ライバルより上に行こうと思ったら、同じような発想をしていてはダメなんだということ。バラの花10本より15本のほうが豪華ですが、同じ発想の延長線上にあることには変わりがありません。

常識に従えば従うほど、あなたの行動は人を驚かせるような意表を突いたものではなくなります。凡庸でありふれた行動になってしまう。それでは女性の記憶に印象を残すことはできません。

みんなと同じ行動をとったら「負ける」のです。

ある広告ディレクターに聞いた話ですが、私も大ファンである吉永小百合さんに出演してもらって、ひとつのCMを作ったそうです。

できあがったCMは映像も美しく、申し分のない芸術性の高さで、誰に聞いても欠点というものが見当たらなかった。広告の賞まで受賞しました。

ところが、そのCMの社会的インパクトはゼロに等しかったそうです。

誰もが認め、誰もが欠点を見出せないようなものは、要は当たり障りのないもの、毒にも薬にもならないものなのです。記憶にも残らなくなってしまう。

誰からもクレームの来ないテレビ番組が、つまらないものにしかならないのと同じです。日常的にクレームを言う人は、どんなによい番組であっても、クレームを言うのだそうです。そんな一部の人に振り回されて、つまらないものを作るなんてバカげていませんか。

■周囲の視線を気にしない

スティーブ・ジョブズにかぎらず、優れた経営者は「常識」「業界の慣習」とは違ったものの見方をします。ライバルと同じことをしていたら、会社を成長させることも、生き残らせることもできないからです。

そうした姿勢は、**しばしば「異端児」「独裁者」などと形容され、批判されたり、そっぽを向かれたり、悪口を言われたりします。**

でも、そんなことにはまったく臆した姿勢を見せないのも、優れた経営者のひとつの資質です。

ジョブズ自身、「異端児」であり「独裁者」でした。彼は若いころ、アタリ社で働いているとき、滅多にシャワーを浴びず、社内を裸足で歩きまわっていたそうです。あまりに不潔だということで、夜間勤務に異動させられてしまったほどだとか。

このことひとつ取っても、彼が周りからどう見られるかなんてまったく怖れていなかったということがわかるでしょう。

まあ、あまり不潔すぎるのは、健康上おすすめできることではありませんが、ここで重要なのは「周囲の視線をまったく気にしない」というマインドの部分です。

アップルを立ち上げたあとも、従業員への要求が厳しいために非常に怖れられており、誰も近づこうとはしなかったそうです。ランチタイムはいつもひとり。つまり、嫌われていた。

彼の性格を形容する言葉はたくさん残っています。傲慢。独善的。自己中心的。協調性がない。気性が激しい。破天荒などなど。これほどネガティブなことばかり言われる人も珍しいでしょう。

そんなふうだったので、アップルでは創業者なのにもかかわらず、クーデターが起き、「経営を混乱させる」ということで追放されてしまいます。

しかしその後、アップルが業績不振になったため、見事ＣＥＯに返り咲き、落ち目になっていたアップルをその独創性で立て直しました。

亡くなったあとも、傑出した人物であったということで、いまだにことあるごとに世界中で話題にされています。

彼は「嫌われている」というのがわかっていても、自分のやり方を変えませんでした。常識や慣習とは違うものの見方をし、どれだけ批判されようが、自分のやりたいようにやりました。

周りの人にどう見られるかより、自分のやり方のほうを大切にしたのです。それがアップルに成功をもたらしました。

同じことは、私たちの日常生活についても言えます。人と同じことを言っていたら、たいして大きな印象は残せませんが、人とはちょっと違うことを言うと、興味を持ってもらえたり、面白いと評価されたりするのです。

■なぜ「型破り」の行動ができるのか？

ちなみに、エジソンも他者からどう思われるかということについては、相当、無頓着な人間でした。

エジソンが白熱電球を開発していたときのこと。当時のアメリカはまだアルコールランプやガス灯の時代で、火災が相次ぐため、電気に大きな期待が寄せられていました。

すでにいくつかの電球が開発されてはいたのですが、それらには大きな問題がありました。フィラメントがプラチナ製で、点灯すると高熱になるため、すぐに燃え尽きてしまうのです。これでは発光時間が短すぎるうえ、コストが嵩んで実用化ができません。

エジソンもこのフィラメントの改良に乗り出していたのですが、普及させられるほどのレベルのものはなかなか作り出せませんでした。マニラの麻、ブラジルの繊維、段ボールやティッシュペーパーにヤシの葉……考えつくありとあらゆるものを試しては、失敗を重ねていました。

そんなある日のこと。まだ研究の道半ばであるエジソンは、マスコミ連中を集めてこう言い放ったそうです。

「私はこれまでいかなる科学者も思いつかなかった方法で電灯を作った。私が目的を達成した方法を知れば、みんな〝どうしてそれを考えなかったのか〟と首をひねるだろう」

もちろん、大ウソです。多少の進歩はあったものの、まだまだ実用化にはほど遠いレベルでした。これで実用化ができなければ、単なるほら吹きとして糾弾されていたでしょう。

こんなふうに大風呂敷を広げた背景には、世間の期待感を高めて研究資金を獲得するという思惑もあったようです。思惑のためには手段を選ばない、人からどう思われようが知ったことではないというエジソンの一面が、ここにはあらわれています。

その後、フィラメントに日本の竹を使うことを考案し、電球の発光時間を延ばすことに見事成功。なんとか実用化に漕ぎつけ、さすがのエジソンも胸をなで下ろしたのではないでしょうか。

すると、今度は電球を売るためにニューヨークの街に2000球を一斉に灯すというお祭り騒ぎを演出し、街は大騒ぎ、エジソンはまんまと人々の期待感を煽り、話題性を獲得しました。

こうしたやり方がいいかどうかはさておいて、**孤独に打ち克ってきた人は、それまでの常識をためらいなく打破し、自分の信じた道を突き進むという強さを手にします。**

そうした強さは、自分の絶対的な味方になってくれる存在がいてはじめて発揮されるものなのです。

■批判は「当たり前だ」くらいに思う

もちろん、人と違うこと、常識から逸脱した考え方をすれば、白い目で見られることだってあります。

現に、私も常日頃から人と違うことを言うようにしていますが、批判されることは往々にしてあるものです。

正直に言うと、そんなとき私は心のなかで「あいつらはバカだからしかたない」と思うようにしています。「捨てる神あれば拾う神あり」ということで、自分のことを受け入れてくれる人もいれば、受け入れてくれない人もいる。

その意見が独創的なものであればあるほど、拒絶反応は高まります。その代わり、受け入れてくれる人は「なんて面白い意見を言う人なんだ」「また聞きたい」と熱烈なファンになってくれる。

人と違うことを言ったりやったりするかぎり、人に受け入れられることがそんなに簡単なものであるわけがないのです。「簡単に受け入れられて当たり前」と考えている人は、認識が甘いと言わざるを得ません。

そう考えれば、批判されたってそれほど気に病む必要がないとわかるのではないでしょうか。

「批判なんてよくあること」と受け流せばいいのです。

批判や人の視線を怖れて、当たり障りのない人間になるか。
それとも「自己本位」の考え方をして「毒にも薬にもなる」人間になるか。

その意見を「毒」だと思う人からは批判されるでしょうが、「薬」だと思ってくれる人はあなたの大きな味方になってくれる。それは、当たり障りのない、たいした印象を残せない人間には一生持てない宝なのです。

習慣 5

「他人」に頼る

「誰かに頼る」人ほど大人である。
「お互いに」の精神で支え合う

「他人」の存在がカギになる

■依存症は「ひとり」でやるもの

厚生労働省をはじめとする統計を見ると、近年、日本の依存症患者の増加には著しいものがあります。

さまざまな推計値でいくと、アルコール依存症の疑いがある人は440万人、治療の必要なアルコール依存症の患者は80万人以上、ギャンブル依存症は280万人、スマホも含めてインターネット依存症の疑いがある人は中高生で93万人超、成人は421万人、ニコチン依存症は1487万人もいると考えられているのです。

そのほか、ゲーム依存、処方される睡眠薬や安定剤などの薬物依存、買い物依存、セックス依存など、なんらかの形で依存症にかかっている人をすべて合わせると、優に300

０万人に達します。これは諸外国と比べても非常に多い数字です。
おそらく多くの読者は、依存症なんか他人事だと思っているでしょう。

しかし、依存症というのは「誰でもかかり得る病気」なのです。
しかも、「孤独」と非常に密接な関係があります。

「依存症」と名前の付くものの大半は、「ひとりでやる」ものです。買い物依存症の人が、友達と連れ立って仲よく買い物しまくるという話は聞いたことがありません。実際、人と一緒に楽しめる人は依存症になりにくいとはよく言われることです。アルコール依存症の予防では、「ひとりでは飲まない」「飲むときは誰かと一緒に」というのが鉄則になっているくらいです。

ある心理学者が、40歳から75歳までの人を対象に、人付き合いの多い人・少ない人にわけてアルコール摂取量の調査をおこなった結果があります。

それによると、アルコールの摂取量が１日20グラムを超えるのは、人付き合いの多い人では14・１パーセントだったのに対し、人付き合いの悪い人では23・４パーセントと跳ね上がりました。

アルコール依存症の目安は、1日の飲酒量がビールなら500ml缶3本、日本酒なら3合、ワインならワイングラス6杯までというのが一応の基準とされていますが、友達と飲むときよりもひとりで飲むときのほうが、つい酒量が増えてしまうという人は多いでしょう。

人は孤独になると飲みたくなる生きものなのです。

■脳のプログラムが書き換えられてしまう怖さ

依存症というのは、自分の意思では飲酒やギャンブルといった行動をコントロールできなくなり、衝動的、強迫的にそれらをくり返してしまう精神疾患のことです。

大量のアルコール摂取で体を壊そうが、家族に迷惑をかけようが、仕事に差しさわりがあろうが、「これ以上飲んではダメだ」とわかっていても、自らの意思では飲酒行動をコントロールできなくなってしまう。

依存症の怖いところは、このように健康を害したり、借金をしたり、仕事ができなくなったりして社会生活を送るのが難しくなるだけでなく、他の依存症を併発して複合依存になりやすく、自殺傾向が強まったりすることです。抑うつ、気分不安定、不安障害、強迫性障害などとの親和性の高さも指摘されています。

さらに、本人だけでなく周りの人への影響も非常に大きく、ギャンブル依存症の調査では、本人だけでなく、配偶者の15パーセントまでがうつ病などで精神科にかかっていたという報告まであります。

では、なぜこれらの行動に、制御できないほど依存してしまうのでしょうか。

脳科学的な見地からは、飲酒やギャンブルといった行動を起こすと、人の脳内にはドーパミンが大量に放出されるからだとされています。ドーパミンは快感物質とも呼ばれ、これを得たいがために、何度もその行動をくり返してしまう。

人は、本能的に承認欲求を満たしたい生きものです。

誰かに認めてもらいたい。イヤなことがあったら慰めてもらいたいし、グチのひとつでも聞いてくれる相手がほしい。そうして人と接している間は、イヤなことのストレスから心は解放されているわけです。

しかし、そういう相手が得られなかったり、自分が認められているとは思えないとき、あるいは誰からも必要とされている実感がない場合、人を遠ざけてモノや行為によって代替しようとします。

そのときもっとも効率がよいのが、ドーパミンが大量に放出される行為なのです。

そのうえ厄介なことに、最近の研究では、依存状態になると脳のプログラムが書き換えられてしまうという説が有力になっています。

私たちは、やらなければいけないことがあるとき、それが少々重荷に感じられても「いま我慢してやれば、あとで幸せを得られる」と思って実行します。


「仕事なんかせずに酒でも飲んでいたいな」

「勉強なんかせずにゲームをしていたいな」


と思ったとしても、「これさえ終えれば好きなことができる」とか「これが完了すれば周囲から評価される」といった報酬を励みに頑張れます。そして、いま頑張っているということ自体が「快感」になります。これが脳の「報酬系」の作用です。

ところが依存症患者の脳では、この報酬系のプログラムが「いまの快楽に飛びついて、代替物で快楽を得てしまおう」というように書き換えられてしまうのです。

さらには、依存対象がもたらす刺激には脳が過敏に反応するのに、それ以外の行動には反応が鈍くなってしまうということもわかっています。

依存症の人がアルコールやギャンブル以外に楽しみを見出そうとしても、脳が反応してくれないので、よりいっそう依存行動から抜け出しにくくなってしまうというわけです。

■依存先を「人」にシフトする

日本では往々にして、「意思が弱いから依存症になるのだ」などと語られたりしますが、**依存症に意思や性格は関係ありません。**どんなに意思の強い人でもかかる可能性のある疾患です。しかも「意思がつぶされてしまう病気」ですから、一度かかってしまったら根治はなかなか難しい。**もっとも重要なのは、依存症にかからないように予防しておくことです。**

そのなかで、依存症の治療に一定の効果を上げているのが、断酒会やAA（アルコホーリクス・アノニマス）といった自助グループです。

非常に興味深いのですが、依存症の治療で効果を上げるためには、依存対象を「人」へと移すことが肝要なのです。

もともとＡＡの発祥は、１９３５年、アメリカで１人のアルコホーリク（問題飲酒者）が別のアルコホーリクと出会い、それぞれの問題を語り合ったところからスタートしました。

つねにお酒を飲んでいないと気がすまなかった２人の人間が、お互いの経験を分かち合うその時間だけは、お酒を飲まずにいられた。そのことから自助グループとして世界的に広がっていきました。

つまりＡＡというのは、それまでアルコールという〝モノ〟や飲酒という〝行為〟に依存していたものを、〝人〟への依存に変化させる行為なのです。孤独によって依存症のリスクが高まるのであれば、孤独でなくなれば依存症が治る可能性も高まるというわけです。

そして、**そのカギを握るものこそ、「人」への依存なのです。**

「誰かに頼る」は甘えじゃない

■人は膨大なものに「依存」して生きている！

では、人への依存とはいったいどういうことなのでしょうか？

それを考えるために、東京大学の医学部を卒業した小児科医、熊谷晋一郎氏の言葉を紹介しましょう。

熊谷氏は、新生児仮死の後遺症によって脳性まひの障害を負い、車椅子で生活している医師です。彼は、障害者と健常者の違いを述べるなかで、「依存」についてこう語っています。

〈健常者は何にも頼らずに自立していて、障害者はいろいろなものに頼らないと生きていけない人だと勘違いされている。けれども真実は逆で、**健常者はさまざまなものに依存できていて、障害者は限られたものにしか依存できていない。**依存先を増やして、一つひとつへの依存度を浅くすると、何にも依存してないかのように錯覚できます。〝健常者であるᐟᐟ というのはまさにそういうことなのです〟

〈公益財団法人東京都人権啓発センター「TOKYO人権」第56号より〉

たとえば、災害に遭ってビルの5階から逃げなくてはいけないとき。健常者であれば、エレベーターを使うこともできるけれど、エレベーターが動いていなければ、階段やはしごを下りることもできます。

ところが、車椅子に乗った人の場合、ビルの5階から逃げようと思ったら、エレベーターが止まってしまったら、なす術がなくなってしまう……。

あるいは、風呂に入るとき。健常者の場合は、とくに意識しなくてもひとりで風呂に入れます。気分が乗れば銭湯に出かけたっていいし、サウナで体を温めることも可能です。

しかし、手足に不自由がある人の場合、選択肢は自宅の風呂にほぼ限られてしまううえ、それすら誰かの助けを借りなくては入れません。

でもこれは、健常者が何にも依存していないということではないのです。〈実は膨大なものに依存しているのに、「私は何にも依存していない」と感じられる状態こそが、〝自立〟といわれる状態〉だ、と熊谷氏は言っています。

■孤独と上手につきあえる人は「依存先」が多い人

「依存」というと、「自立」の反対語と捉えがちで、ネガティブなイメージがあるかもしれません。「人に依存する」といえばなおさら、どちらかがどちらかにベッタリ頼り切って、甘えるような関係がイメージされるでしょう。

でもここでイメージしていただきたいのは、「親友との関係」のようなもの。互いに互いを頼り合える関係のことを指しています。

人間はもともと、人にも物にも、さまざまな「もの」に依存しないと生きていけない生きものです。

普段、意識していなくても、人間はさまざまな人、さまざまな物に依存して暮らしている。私たちはこの点を肝に銘じておいたほうがいいでしょう。

この依存先がたくさんあって、ひとつひとつへの依存度が浅い人ほど、「自立」できている人であり、孤独をうまくコントロールできる人なのです。

なかでももっとも安全で、もっとも孤独に対処する効果があり、もっとも意義深い時間を与えてくれるもの――依存症になるなどの副作用がほとんどなく、私たちの内面に自信と落ち着きを与えてくれ、時間を共有することが人生の喜びになり得る――それこそが「人への依存」です。

依存症というのは、まさにその依存先が限られてしまったためにかかる病気です。たくさんあるはずの依存先が限られ、うまく機能しなくなり、人ではなく物・行為に依存してしまうと、依存症になってしまう。

孤独と上手につきあえる人ほど、依存できる人や物が多いのです。

■キーワードは「お互いに」

最近、暴言を吐いて相手を苦しめることが離婚原因になるという「モラルハラスメント離婚」が増えているそうですが、片方が言いたい放題で、もう片方が萎縮しているというのは健全な関係ではありません。そのままでは、どうしたって壊れてしまうでしょう。

大事なのは、両方とも遠慮せずに本音を言え、頼り合える関係です。

そのための第一歩は、「それぞれがお互いに依存し合っているんだ」と自覚することでしょう。「自分だけ」「相手だけ」ではなく、「お互いに」頼り合っているというのを知ること。


大事なキーワードは「お互いに」。


そう自覚してこそ、健全な関係性が生まれてきます。

ところで、本音というものには「アイツ、ぶっ殺してやりたい」というような、ちょっと人には言えない悪いものもありますが、いい本音もあります。

たとえば、いじめられている人を見たときに「いじめはよくない」と思うのも本音なら、差別的な発言を聞いて「そういうことを言うのはやめようよ」と思うのも本音です。

とくに人の悪口で盛り上がっているような場では、「そういうこと言うのはやめようよ」などと言うと、「きれいごとを言うな」と反発が返ってきそうで、なかなか言い出せないということがありますよね。

でも、いい本音も悪い本音も両方忌憚《きたん》なく言えるのが親友です。

「こんなこと言ったら、ウザがられるかな」

「自分はそうは思わないけど、そう言ったら嫌われるかな」

そんなふうに遠慮して、言えること・言えないことを秤にかけたりしなくてもいい関係性が理想です。お互いに受け入れ合っている人同士では、同調圧力というものはあまり働かないものなのです。


あなたも自分にとって大事な人に対しては、「お互いに依存し合っている」という認識を持ちましょう。それが相手を大事にすることにつながり、よい関係性を育む第一歩なのです。そういう相手を見つけるためにも、予定調和でない、あなたの本音をぶつけてみて、他人とかかわってみましょう。

習慣6

「逃げ場」を作る

親友は何歳からでも作れる。

40年孤独だった私ができたのだから間違いない

「出会いの数」が少ない人の習慣

■「大人になったら親友ができない」はウソ

みなさんにも心当たりがあるかもしれませんが、一般的に「親友」と言ったとき、社会に出る前に培った友人関係を指すことが多いようです。

大人になってからは仕事関係で出会う人が多くなり、遠慮も働いてズケズケとモノを言ったりできず、なかなか親しい間柄にならない。そういう話はよく聞きます。

たしかに子ども時代の友人というのは、長い時間を共有してきているので、他に代えがたい存在かもしれません。

でも、**大人になったら親友ができない、というのはウソです。**

私が見ている限りでも、介護に悩む人たちが集う場で50代、60代の人たちが仲よくなり、お互いにいろんな相談をして支え合っている姿がありますし、定年退職後に将棋クラブなどで切磋琢磨するうちに、いい飲み仲間になって楽しい時間を過ごせるという姿もあります。

私自身、幼いころはいじめられっ子で、なかなかうまく親友と呼べる友人を作ることができませんでした。むしろ大人になってから出会った人のほうが、何でも言い合えるよい関係、尊敬できる関係を築いているように思います。

では、大人になってから親友と呼べる存在がいない人は、いったい何が問題になっているのでしょうか。

ひとつには、**「大人になってからは友達が作りにくい」「大人になってからの友達には本音を言いにくい」という思い込みが、メンタルブロックになっていること。**

もうひとつは、「現代版・会社人間」に陥っていること。

ひと昔前の「会社人間」とは、仕事に一途で、会社が生活のすべてであるという人のことを言いました。すべてが仕事優先で、趣味もなく、会社のためにプライベートを犠牲にしても厭わないという人です。モーレツサラリーマンなんていう言い方もされましたね。

でも「現代版・会社人間」は、会社に滅私奉公をするつもりはさらさらなく、プライベートも大事にしたい。それでも会社と自宅にしか自分の世界がない、という人です。

モーレツに仕事をしたいわけでもないのに、居場所だけは会社人間とまったく同じ。

毎日が会社と自宅の往復ばかりで、そこだけにしか自分の世界がない。それが「現代版・会社人間」です。

自宅というのは基本的にはひとり、もしくは家族など身内だけの世界ですから、社会とつながれるのは会社オンリーになってしまう。人との出会いのほとんどが会社の人間、仕事関係の人間に限られてしまう。

つまり、出会いの数が少なすぎる。出会う人全員と親友になれるわけではありませんから、出会いが少なければ、それだけ親友になれる人との出会いの可能性も少なくなってしまうのです。

■「ひとりの時間」が充実している人

コロナ禍による自粛は、人間生活に半ば強制的な孤独をもたらすものでしたが、テレワークやEラーニングでストレスが減って楽になった、という人も確かにいるようです。

はじめににも書きましたが、２０２０年最終的に残念ながら自殺は増えたわけですが、

1度目の緊急事態宣言の段階では、私たち精神科医の予想に反して、自殺者数はむしろ減っていました。

最近、夏休みが終わった9月1日に、子どもの自殺が増えることが問題にされています。それだけ学校が始まるということが、学校のわずらわしい人間関係の再開ととらえる子が多いのでしょう。

おそらく、それは会社でも同じ。

Eラーニングやテレワークのほうが「楽だ」「落ち着く」と感じる人がそれだけ多く、コロナ自粛が人間関係のストレスから逃げる好機になったのかもしれません。

人間関係というのは、ともするとわずらわしさが先に立って、「面倒だ」「ひとりのほうが気楽でいい」という発想に傾きがちです。だけどそればかりでは、新しい人間関係、新しい世界の広がりをみすみす放棄することになってしまいます。

くり返しになりますが、
孤独が人によい作用をもたらすのは、完全な孤独のなかではありません。人とのかかわりがあってこそ、はじめて孤独のメリットを得られるもの。

人とのかかわり合いは、私たちにさまざまな視点があることを教えてくれます。自分の発想とはまたひと味違う意見があることに気づかせてくれます。

ひとりの時間にとりとめなく考えたことでも、人に「こんなことを考えたんだ」と話すと、そこからまた思考が広がっていくというのもよくあることです。ひとりで延々と考えていても、なかなか思考の広がりは得られません。

それに、ひとりの時間は、人とのかかわり合いがあってこそ貴重なものになるのです。ずっとひとりで過ごしていたら、なんとなくネットをしてみたり、ゲームをしてみたり、時間潰しのようなことばかりになってしまうでしょう。

私たちはひとりの時間を大切にするためにも、人とのコミュニケーションが必要です。そしてそのコミュニケーションにも、より広がりを持たせていかなくてはならないのです。

■「カウンター席のある飲み屋」の効果

テレワークになってからほとんど会社の人とはプライベートなコミュニケーションをとらなくなってしまった人や、それ以前から会社と自宅の往復ばかりになっている人は新しい世界を求めて行動を起こしてみましょう。

コロナ自粛で、確かにボランティア活動は減っているし、スポーツクラブも疎遠になりましたが、それほど感染が広まっていない地域であれば、必要以上に恐れることはなく、心や体の健康を守るという姿勢も大切です。

またSNSなどを通せば、疎遠になっている昔の友達や同級生に連絡がしやすくなっているし、同じ趣味の人間の輪に入りやすくなっています。

もちろん特別「人と出会わなきゃ！」と思う必要はありません。何か行動を起こしているうちに、新しい人間関係が生まれてきたりするものです。

私がコロナ禍でいちばん危険だと思っていることは、自粛は感染予防のためのものなのに、本来の会食や人との接触がいけないことのような雰囲気が生じてしまったことです。

本書でも問題にしてきたように、気の合わない人と無理につきあう必要はありませんが、気の合う人を見つけて、遠慮のいらないコミュニケーションをとることはメンタルヘルスにとてもいいことです。

だから、コロナの感染が収束に向かい、ワクチン接種によって、それほど怖い病気でなくなったら、その後、どんなことをしてみようと想像するのも大切なことです。

私のおすすめは、カウンター席のある飲み屋です。

こうしたお店ではマスターや他のお客さんとちらほら会話を交わすこともたまにあるので、普段知り合うきっかけのあまりない人と意気投合するというラッキーに遭遇することがあります。

新しいお店に行くと、なにか催し物のお知らせを発見したりすることもあります。私はワインが好きなので、ワイン会のお知らせなどを目にするとかなり興味を惹かれます。ワイン会にはもともとワイン好きが集まるのですから、話が弾む確率も高まるでしょう。

こんなふうにして、会社と自宅、それ以外にもう1つか2つ、自分の居場所を増やしてみる。

もし会社と自宅にしかあなたの居場所がないとしたら、会社で人間関係がうまくいかなくなったとき、他の逃げ場がないということになってしまいます。会社でランチを食べる相手がいなくても、別の場所でランチを食べる相手がいれば、少しは気持ちがやすらぐでしょう。

人とかかわることを「面倒だな」と避けてばかりいないこと。「うまくいけば仲よくなれるかも」くらいの気分で、気楽にかかわってみるのがポイントです。

気が合う人がいなければ、もっと気の合う人を求めて次の場所に移ればいい。「好かれよう」「嫌われたくない」と過剰に思う必要もない。

フットワークを軽くして人とかかわっていれば、そのうち自分が「面白いな」と思える人にも出会えて、人生で大切な時間を過ごせるはずです。

それでも「好かれよう」「嫌われたくない」と思う人へ

■「同調圧力」に弱い人の特徴

じつは、「好かれよう」「嫌われたくない」と過剰に思わないというのは、同調圧力がかかりにくいということでもあります。

同調圧力というのは、疎外感に弱い人からかかるのです。孤独に弱っている人を敏感に見つけ出し、からめとる。まるで免疫力が弱った人に襲いかかるウイルスみたいです。

孤独に弱い人は、簡単に同調圧力のカモにされてしまう。

でも、自分の居場所がたくさんある人は、それだけ孤独への免疫力を手にできます。居場所が多い人ほど、孤独へのリスクヘッジができていることになるのです。

ただし、ここでひとつ要注意。同調圧力に屈しないというのは、何でもかんでも人の意見に反対するということではありません。

「自分はこう思う」と意見を言うことは大いに結構なのですが、「自分が正しいとはかぎらない」という自戒だけはつねに持っておくべきです。

同調圧力がかかりにくい孤独耐性の強い人ほど、自分の意見をはっきりと述べる傾向にありますが、「自分だけが正しい」という姿勢では、人との関係性は深まりません。むしろ敬遠されたり、煙たく思われたりするでしょう。

世の中に「絶対に正しいこと」ということは、ほとんどありません。

科学の世界、医療の世界でさえ、数年前に正しいと思われていたことが現在は否定されているというようなことは珍しくないのです。

「面白い人だな」「斬新な考え方をする人だな」と好意的に受け止めてもらうには、自分の意見を主張するばかりでなく、相手の意見も尊重しなければならない。相手のことを受け入れて、はじめて自分のことも受け入れてもらえるのです。

自分に意見があるときは、つい「いや……」「でも……」「ていうか……」「いや、そういうことじゃなくてさ……」などと相手の意見を否定してしまいがちです。そういうときのために、同意も否定もしない言い回しを覚えておくといいでしょう。

「そうかもしれないね」

「なるほど、君はそう考えるんだ」

そう言っておいて、ひとりになったときに相手が言ったことをじっくりと考えてみればいいのです。相手への理解が深まると同時に、自分への理解も深まっていくはずです。

■「面白い変人」は生きやすい

もうひとつ、世界を増やすときの注意点としては、自分の価値観、とくに人と違う考え方をしている部分を強調しすぎないようにすることです。

人と違った価値観を声高に言うと、ときに人は断罪されているような気持ちになることがあります。まるで「その価値観を持っていない人間は悪い」と言われているような、一種の押しつけがましさを感じることがあるのです。

「自分は変わっているから、きっと理解してもらえないだろう」
「自分は変わっているから、あなたもそうなったほうがいい」

こんなことを人に言ったところで、わざわざ壁を作ってより理解されにくい状況を生み出すだけです。

その人からすれば「だから、なに？」「余計なお世話」でしかありません。なにより、あなたが相手を受け入れようと思っていることが伝わらなくなってしまいます。

世界が広がれば、出会う人の種類も増えます。そのとき、わざわざ壁を作ることはありません。

あなたが自分の変わっている部分を出すのは、それが相手の幸せにつながるようなときだけにしておきましょう。

> なにかアドバイスを求められたとき。
> 自分の行動で相手が喜んでくれそうなとき。
> 自分の知識や考え方が相手の役に立ちそうなとき。

こういうときだけ出すようにする。

そういうさり気なさが、相手から「なんだか変だけど、素敵な考え方をする人だなあ」と認識されることにつながるのです。

最初から変わっているところをぐいぐい押し出して、「あの人、ちょっと変わっていて私には合わない」と思われるより、断然よい結果を残すと思いませんか？

「いじめ」は「逃げる」が勝ち

■まずは「環境」を変えるだけでいい

「場」を増やすというのは、いじめへの対処としても使えます。

とくに子どもは、親が与えてあげなければ「学校」と「家庭」しか場を持たないことがほとんどですから、それを増やしてあげるだけでストレスはグンと減ります。

塾やお稽古ごとに通わせるというのも、「場」を増やすひとつの手段ですし、あるいは深刻ないじめであれば、学校という「場」そのものを移してあげることも必要でしょう。

私の母は、私の大阪弁が原因でいじめられたとき、息子には心配しているそぶりは一切見せませんでしたが、行動には移しました。ドーンと構えているようには見えても、やはり心配したのでしょう。

それまでは東京の郊外の住宅街に住んでいたのですが、転校してわずか1学期間で、今度は千葉の新興住宅街に引っ越したのです。

その新興住宅街には関西系企業の社宅が3つほど並んでおり、周囲はウチと同様、転勤族の家庭ばかり。当然、大阪弁がバカにされるということがなく、むしろ堂々と使えるという風潮でした。

私はもともとひねた子どもではありましたが、マジョリティにいじめられたからといって、マジョリティに合わせていたら、一生それのくり返しになっていたでしょう。もし**「みんなに合わせなさい」と強要する親だったら、いまの私は存在していないと思います。**親の選択には本当に感謝しています。

親がするべきなのは、子どもを無理に周りに合わせようとすることではなく、子どもに合う環境を用意してあげることなのです。

■「理解し合える」ことを望みすぎない

疎外感を感じなくてすむ「場」が家庭以外にひとつでも増えれば、子どもにとっては大きな救いになります。

それが小さな成功体験となり、小さな成功体験を積み重ねていくことで、子どもは疎外感や孤独というものと上手につき合えるようになるのです。

いじめにかぎらず、子どもの場を増やしてあげるのは、経験知を高めることにつながります。

たとえば、親友に自分の意見が否定されたとき。親友であっても、100パーセント自分と同じ考え・感情を抱くわけではありませんから、否定されることだってありますよね。でも、経験知の少ない子どもたちは、「自分と他の人は違うんだ」ということに、気づきたがらないものです。

過剰に「全否定された」と傷ついたり、「もう親友なんかじゃない」と怒ったり、絶望したり。または、相手の意見に迎合してその場を取り繕う術しか知らなかったり。

しかし、そういう成功体験の積み重ねによって、

「世の中にはいろんな意見があるよな。親友だからといって、すべての意見が同じであるわけじゃないんだな」

と受け入れられるようになる。それが子どものひとつの成長になります。

「意見の相違があったところで、自分の人格や存在が否定されたわけじゃない。アイツは

変わらずオレの親友だ」

と、人との付き合い方、自分との向き合い方にもバランスが取れてきます。

そのためには、まずは親自身が仲間外れにされることを怖がらないこと。大人が仲間外れを怖がっていたら、子どもが仲間外れにあったとき、きちんと受け止めることができません。

仲間外れにされたって、別の場所に行けば、どこかにあなたを受け入れてくれるところが必ずあります。安心してください。

そして、**親は子どもが仲間外れにされるのも怖がらないこと**。

子どもが世の中でよしとされているような性格でなかったとしても、建て前論や自分の恐怖心で子どもの性格を変えようとしないこと。

そうすれば、ちょっとくらい周りから浮いてしまったりしても、自信がなく人の顔色を窺ってばかりの子ども、周囲の意見に同調してばかりの子どもにはなりません。「自分」という存在をしっかりと確立し、堂々とした人間へと育っていってくれるはずです。

大人が孤独を怖がって予定調和の世の中に染まった子育てをしていたら、子どもたちは追い詰められてしまうものです。

ネットは「逃げ場」になるか？

■SNSは「ひとつの場」として考える

自分の世界を増やすときには、できればネットの世界ではなく、リアルなところで世界を増やしていくことをおすすめしたいと思います。

ツイッターやフェイスブックといったSNSも、ひとつの世界とカウントできそうですが、生身で向き合ってする対話のほうが、よりいっそう、私たちの感情に訴えかけるものがあるからです。

相手の表情。
声のトーン。

目線の動き方。身振り、手振り。

私たちの脳では、こうしたもろもろの情報を総合的に判断して、相手の感情のありかを探ります。話に共感してくれているのか、反対意見があるのか、親身になって聞いてくれているのか、聞き流しているだけなのか。

新型コロナウィルスの影響で浸透したオンライン飲み会ならまだしも、インターネットのなかの文字のコメントだけでは、どうしても相手の感情をリアルに感じ取ることに限界があります。

そして言語で表せない、こうした非言語的反応から自分の対応を変えていくことも可能です。

たとえば言葉に賛成していても不機嫌そうにしていたら、そのフォローも可能になるのです。それに、あまりにSNSにハマってしまうとネット依存を生み出すリスクがありますが、生身の人間に対して依存症になることはありません。

SNSはあくまで趣味のひとつ。それをひとつの「場」とカウントしてもいいですが、リアルの世界でも「場」を増やすようにしてください。

実際、コロナ自粛のもとZoomのミーティングがさかんになりましたが、カメラを切らないことを求められるのも、話していることの内容だけでなく表情を見てのほうが読み込むからという側面もあるのです。

■子どもたちに忍び寄る「スマホ依存」

スマホの普及とともに、近年は若年層でのスマホ所有率がグングン伸びています。東京都の2020年の調査では、中学生で75・44パーセント、高校生で92・4パーセントもの人がスマホを所有しているそうです。

であれば、子どもたちにとっても「家庭」や「学校」のほかに、「ネット」もひとつの「場」として考えられそうですね。しかし、子どもこそネットの扱いは注意しなければいけません。

というのも、厚生労働省がおこなった調査によると、「ネット依存の疑いが強い」とされた中高生は全国で7人に1人、14パーセント、93万人にも上ると推計されるからです。

ネットをやめたいと思ってもやめられない。
ネット以外のことへの意欲を失ってしまった。
ネットのためにリアルの人間関係や、学校生活、部活動に支障をきたす。
スマホがないとイライラしたり、感情が不安定になる。
用もないのにつねにスマホを手にしている。
ネットにのめり込んでいることを隠すために、大人にウソをつく。
不安な気持ち、イヤな気持ちから逃げるためにネットを使う。

少し前までは、スマホ依存というと「ちょっとゲームにはまっている人」というくらいの見方しかされない場合もありましたが、現在では立派な依存症のひとつとカウントされています。

なんと、コカインや覚せい剤などの麻薬中毒患者で起きる脳の変異と同じようなものが、重度のネット依存の若者の脳でも起きているという研究結果まであるのです。

「デジタル・ヘロイン」という言葉も登場しました。

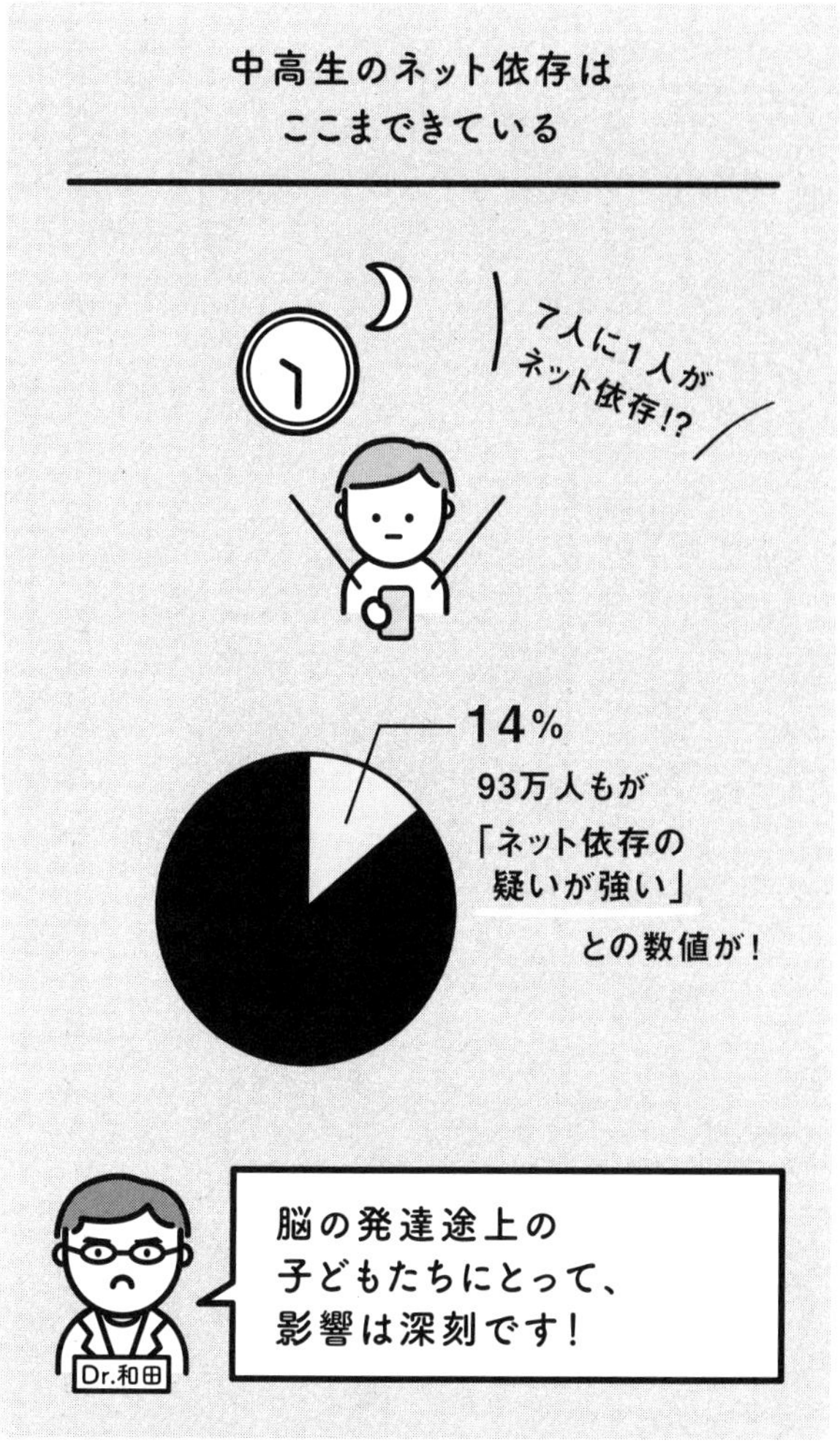
中高生のネット依存は
ここまできている
7人に1人が
ネット依存!?
14%
93万人もが
「ネット依存の
疑いが強い」
との数値が!
脳の発達途上の
子どもたちにとって、
影響は深刻です!
Dr.和田

それが、子どもたちの間で急激に増えている……。

脳の発達途上にある子どもの場合、影響は深刻です。決して軽く考えていい問題ではありません。

軽度の依存では、「つねにスマホが手放せない」「用もないのにネットにつなぐ」といった程度ですが、重度の依存になると、「ネットをしたいがために学校を休む」「食事や風呂の時間すら惜しみ、生活の大半をネットにあてる」という深刻な状況になります。

親が心配してスマホを取り上げたり、ネットの接続を切ったりすると、暴力行動が出る子どももいます。それはアルコール依存症と同じです。

リビングに置いてあるデスクトップパソコンを使っていたうちはまだよかったのですが、スマホやタブレットが普及して、状況は悪化の一途をたどっているように感じます。

■依存症大国ニッポン!?

すべての依存症は、薬物でなくても麻薬や覚せい剤の中毒患者と同様の脳の器質的変化をもたらし、人格を荒廃させてしまう恐れがあります。

しかし、日本は依存症に対して非常に無防備な社会だと言わざるを得ません。アルコールにしろギャンブルにしろネットにしろ、国際的にも危険性が認知され、国レベルでの対応が始まっているのに、日本では企業に遠慮して、政府もマスコミもお茶を濁すような対応しかしていないのです。

諸外国には、**「依存しやすいものがあれば依存症を生む」**という認識があります。日本を含めてどこの国でも、覚せい剤や麻薬を禁止し厳密に取り締まっているのは、その手の物質がかなり高い確率で、どんな人にでも依存症を作ってしまうという認識があるからです。

そして、麻薬のようなかたちで禁止できないものについては、「アクセスを制限する」というのが国際的なコンセンサスになりつつあります。

ギャンブルであれば、アメリカはラスベガス、中国ならマカオという具合に場所を制限し、ふだん生活している場からは遠いところに設営します（東京にカジノを作ろうなどという構想は、国際基準から考えてもバカげていると私は考えます）。

仮にふだん生活している場所と近いところでギャンブルをやるなら、「毎日は開催させない」という工夫をします。競馬などの公営ギャンブルは、どこの国でも毎日は開催されていません。それだけで依存症のリスクはかなり下がるのです。

アルコールであれば、フランスやスウェーデンではアルコール類の飲酒シーンのテレビCMを禁止していますし、アルコールの安売り規制を始めた国もたくさんあります。アメリカに旅行した人ならわかると思いますが、多くの州で夜11時をすぎたら、どんな店でもアルコール類は買えないようになっています。

ネットに関しては、オンラインゲームへの依存が社会問題化していた中国と韓国が先陣を切り、とくに児童の使用については徹底した規制をかけています。アメリカでも、ネット依存症の診断基準が定められました。

その点、**日本の対応はまったくもって遅れています**。日本では会社帰りに毎日寄れる場所にパチンコ店があるし、アルコール類はコンビニで24時間買えます。CMもおいしそうにお酒を飲むシーンがバンバン流れます。

子どもたちはスマホで当たり前のようにオンラインゲームをやり、親は無邪気にそれを眺めている。国の対応も期待できません。

■依存症にならない3つの制限

国が当てにならないとなれば、自分の身は自分で守らなければなりません。

その第一歩は、危険を知ることです。

「これは依存しやすい行動だ」「依存症になるとあとが怖い」ということをしっかりと自覚しておくことで、自分なりに「アクセス制限」をかけるのです。

> 時間に制限を設ける。
> 量に制限を設ける。
> 頻度に制限を設ける。

こうして制限を設けることで、依存症のリスクはかなり下がります。

子どものネット依存に対しては、スマホやオンラインゲーム機を与える年齢をできるだけ遅らせることがリスク回避になります。

すでに手にしている友達がいれば、子どももしつこくねだることが予想されるので、「なぜわが家では○歳までゲーム禁止なのか」という理由をきちんと説明しておきましょう。

また、使用時間についても親子で取り決めをしておくことをおすすめします。

ちなみに、

ビル・ゲイツの家庭では、娘のパソコン使用時間を、宿題に必要な時間を除き、平日で45分、休日で1時間と決めているそうです。

ネットのリスクをよく理解している家庭では、時間制限を設けて子どもに守らせるようにしているのです。

ネット自体は、うまく使えばコミュニケーションツールとして非常に優れています。遠くに住む人や海外の人ともコミュニケーションがとれるし、さまざまな情報や意見に接することも可能です。要は、使い方なのです。

ネットで人と知り合う「場」を増やそうとしてネット依存に陥ることにでもなれば、笑うに笑えません。ネットはあくまでもツールのひとつ。

子どもたちにも、ネットのメリットとデメリットを伝えてください。そして、リアルの友人関係が人生を通じて一番大切なんだということを教えてあげてください。

習慣7

「真面目」をやめる

「建て前」で生きるのはつらい。
「いい人」こそ、どこかで本音を吐き出そう

「建て前」を捨てるとき

■「アイツはバカだ」と思う心は自由

かつて、ビートたけしが「赤信号みんなで渡れば怖くない」と言って、世間から「よくぞ言ってくれた！」と大喝采を浴びたころにくらべると、現代は本音を言えない風潮が強まっていると感じます。みんなの前で本音を堂々と言える人もなかなか見かけません。

テレビを見ても、一部の毒舌キャラの人（この人たちも計算して言っているのでしょうが）を除くと、当たり障りのない耳触りのいい言葉の応酬ばかり。本音を口にする人は出てこないし、テレビ局側も本音を言う人をテレビに映し出すのを敬遠します。

すべてが予定調和の世の中です。

親までが、「こんなことを考えている子どもは悪い子に育つんじゃないか」「いい子はこんなこと言わないだろう」と考えて、無意識のうちに子どもの思考の自由を奪っています。

予定調和の世の中に、知らず知らずのうちに染まっているのです。

たとえば、あなたの子どもが友達とケンカをして、「アイツ、頭悪いんだよ」「あんなバ

子どもの心、
気持ちは「自由」だ
あいつは
バカだ!
あいつ
ぶっ殺して
やりたい!
そんなこと
いっちゃダメ!!
ダメ
ダメ～～!
行動にうつすのはいけないが、
「心のなかで思う」のは自由!!
心のなかの
「思い」を
親に打ち明けた…
そのとき、
「建て前」で封印
してはいけません
Dr.和田

カ、知らない」などとあなたに訴えかけてきたとしたら、あなたはどう対応しますか？
良識ある親としては、

「そんなこと言うものじゃありません！」

「バカと言うほうがバカなんだよ」

などと、子どもの言うことをたしなめようとするのではないでしょうか。

じつは、ここにちょっとした落とし穴があります。

人間の思考は自由なのです。

子どもが**誰かのことを「バカだ」「デブだ」と思うのは自由です**。大人が心のなかで「あの娘とセックスしてみたいな」とか「アイツ、ぶっ殺してやりたい」と思うのも自由です。

もちろん、それを本当に実行してしまったら問題です。無理やりレイプしたり、本当に人を殺してしまったら大問題ですし、犯罪です。みんなの前で「バカだ」「デブだ」と言って相手を傷つけたり、いじめたりするのも問題です。

でも、心のなかで思うのは自由なのです。

子どもは自分の思った本音を、親にだからこそ語っている。そうであるはずなのに、それを封じてしまったら、**子どもの思考の自由を奪うことになってしまいます。**

■「建て前」子育ての大きな落とし穴

心理学の見地からすると、子どものころは母子一体型の心理が強く、思春期を迎えるにつれ本格的に分化していくと捉えることができます。

母子一体型である子ども時代は、何でも母親に話します。自分という存在を支えてくれるのが母親であり、母親に依存できるというのが正常な発達段階ですから、母と自分は一心同体。「お前の母ちゃん、でべそ」と言われたら、母親と一緒に自分が攻撃されていることになるわけです。

それがだんだん思春期になってくると、母親に言えない秘密が出てきます。「好きな人ができちゃった」とか「オレ、エロ本買っちゃったんだ」とか、はたまた「親のこういうところが嫌いだ」とか、親には言いにくい秘密ができてくる。

秘密の共有相手が変わり、親に言えなくなったことは友人に話すようになるのです。すると、「じつは僕も好きな人がいるんだ」「オレ、オナニーしちゃったよ」「オレは親のこういうところが嫌いなんだ」と、お互いに秘密を打ち明け合うようになります。

こうした秘密の共有によって、その相手が「親友」という唯一無二の存在になっていく。これが基本的な発達モデルです。

ところがその前段階で、前述のように母親になら安心して何でも話せるという環境にいなければ、思春期を迎えたときに、自分のことを邪悪な存在だと思いがちなため、友人に自分をさらけ出すということにも抵抗が出てきてしまうのです。

幼少期の親との関係というのは、子どものその後の対人関係にも大きな影響を及ぼします。一見、良好な対人関係を築いているように見えるけれど、実際には本音を語るのが怖いという「同調型ひきこもり」が増加している背景にも、こうした親子関係の影響が疑われます。

一般的には、親は子どもとの間に安心して何でも話せるような関係を作ろうと努力するものです。実際にそう努めていると自負している人も多いでしょう。

しかし、**無意識のうちに親が子どもの口を封じてしまっている**ということは往々にしてあることなのです。

あなたも気づかないうちに、子どもの本音を押し潰してしまっているかもしれません。

■「人を見下す感情」は異常ではない

もし、子どもが「アイツ、頭悪いんだ」「あんなバカ、知らない」などと訴えかけてきたときには、

「アハハ。お前の気持ちはわかるけど、みんなの前では言っちゃいけないよ」

「そうか、あの子はバカだと思うのか。そうなのか。でもそういうことを学校で言うと嫌われるからやめときなさいよ」

とでも言っておけばいいでしょう。「そうか、そうか」と同意して、周りとの付き合い方を教えてあげる。

真面目くさって「そんなこと言ってはいけません」「そんなこと言うのは悪い子よ」と言うよりは、よっぽど親として正しい対応の仕方だと私は思います。

そもそも、「自分のほうが勝っている」「アイツよりボクのほうが上」といった優劣の感情や人を見下す感情を持つこと自体は、**それほど異常なことではありません。ただそれを表に出すか出さないかという問題です。**

親の大切な役目とは、子どもの本音を受け入れてあげること。

子どもが本音でしゃべっているときに、建て前や社会規範、当たり障りのない意見は持ち出さないほうが、子どもの思考が自由に発達していきます。

母子一体型の発達段階に、家庭で子どもが本音を言えなければ、子どもは本音を言える場がなくなってしまいます。大人とは違って、子どもは与えられた「場」しか持てませんから、家庭がその機能を失えばダメージは相当大きいのです。

自分の本音が受け入れられないと感じた子どもは、成長してからも、

「こんなこと言ったら変に思われないかな」

「嫌われたりしないかな」

と不安を強めることになります。親友にすら本音が言えなかったり、人にどう思われるかを過剰に気にしたりする。

本音を言うというのは、ある種「嫌われるかもしれない」という怖さを乗り越えなくてはいけません。それは大人でも同じです。

でも、親や親友に打ち明けるという体験を通じて、自分の本音がある程度許容されるという実感が得られたとき、人の精神は自由になれるのです。

親はその自由を子どもに最初に与えてあげられる存在だと言えるでしょう。

■家庭では本音を語り合っていい

もちろんこれは、親がつねに子どもの意見に迎合しなければいけない、という意味ではありません。子どもが間違ったことを言っているときは、「お母さんはこう思う」と、親も本音の意見を言えばいい。それは親友に対するときと変わりありません。

しかしそのときは、親も本音でぶつかり合うぶん、親の「意見」をきちんと確立しておかなくてはいけません。

たとえば、学校でたまに先生が日の丸・君が代を否定して、起立しなかったということで罰せられたと、ニュースやネットで伝えられることがあります。そういうとき、子どもに「あの先生はとてもいい人だよ。なぜ罰を受けるの？」と聞かれたら、あなたはどう答えますか？

「先生は悪いことをしたから罰せられたんだよ」

と言うでしょうか？　でも、普段はいい先生なのに、日の丸・君が代を否定するのがなぜ悪いことなのでしょうか。

あるいは、

「日の丸・君が代は日本の国旗、国歌なんだから否定してはダメなんだ」と言うでしょうか？　では、なぜ否定してはダメなのか、説明できるでしょうか。

本音で語るというのは、こうやって自分でものごとをとことん突き詰めて考えるという訓練が必要なのです。

誰かが言っていることにただ同調するだけではダメです。それでは、ちょっと声の大きい人が言っていることが正しいことになってしまい、同じできごとであっても「このときはいい」「このときは悪い」と、自分の意見に整合性がとれなくなってしまいます。

当たり障りのないことを言ってごまかしたり、「これが社会のルールなんだ」「大人になったらわかるよ」「これがあなたのタメなのよ」などとおためごかしを言って子どもをコントロールしようとすれば、子どもは必ず見抜きます。

それよりは、ちょっと過激な意見であったとしても、親が自分自身で「おかしいな」「変だな」「なぜなんだろう？」と突き詰めて考えたことをきちんと伝えたほうが、よっぽど子どもの成長のためになると思うのです。

本音で語り合うときには、子どもの思考の材料になる要素を、ぜひ与えられるようになってください。

誰のために「いい人」になるの？

■ストレスが有効に働くとき

日本以上に少子高齢化が進むデンマークでは、かつて、「プライエム」という老人ホームが建設されていました。

完全個室の完全バリアフリー。入居者は食事の支度からトイレの介助、着替えや掃除まで手厚いケアを受けられるという、至れり尽くせりの施設です。

ところが、「夢のようだ」と思われていたこの施設は、1988年に建設が凍結されてしまいました。理由は、完全バリアフリーや行き過ぎたケアが、かえって高齢者の足腰を弱め、健康寿命を縮めてしまうことがわかったからです。

これは、すべてのストレスを人間から取り去ろうとすると、かえって健康にはよくないのだということを表しています。多少不便でも、残された機能を使っていくようにしないと、体はすぐに弱ってしまう。待っているのは寝たきり生活です。

「ストレス」というと、私たちはすぐさま悪いもののように思いがちですが、じつは適度なストレスは人の心身を快適に保つために必要なものなのです。

ストレスのなかにも「善玉ストレス」と「悪玉ストレス」があるわけです。

ある程度プレッシャーを感じても、「この仕事、頑張ろう」とか「運動すると気持ちいいな」というように、意欲や快感をもたらしてくれるレベルのストレスを「善玉ストレス」といいます。やり切ったときに達成感が得られ、もっと成長したいと前向きになれるものです。人生にピリリとハリを持たせるスパイスみたいな存在です。

いっぽう「悪玉ストレス」とは、自分の能力以上の負担を長く頻繁に求められるようなストレスです。「頑張ろう」と思う前に、そのプレッシャーによって押し潰されてしまいそうなもの。

人は「善玉ストレス」を感じると、満足感を得られる脳内ホルモンが分泌されます。自律神経の働きもよくなり、免疫力もアップします。

しかし「悪玉ストレス」を感じると、心はイライラし、脳や体の活動は停滞します。自律神経も過敏になり、健康にも美容にもよくありません。

■「いい人」ほど「悪玉ストレス」を受けやすい

あるストレスが「善玉」になるか「悪玉」になるかは、個人のキャパシティによります。しかし、このキャパシティは心を鍛えることで増やすことができます。

新入社員のときは、なんてことのない仕事にも重荷を感じていたのが、ベテランになってくると平気でサクサク片づけられるようになるのはこのためです。同じストレスでも、年齢やキャリア、経験などによってストレス耐性がつき、いつのまにか「悪玉」から「善玉」へとストレスの立場が変化しているのです。

筋肉トレーニングと同じように、ある限界までは（これ以上の無理をすると心や体に悪いので要注意ですが）心も鍛えれば鍛えるほど強くなります。筋肉を鍛えるのがマシンなら、心を鍛えるのはストレスです。

それまで「悪玉ストレス」でしかなかったものが、いつのまにか「善玉ストレス」へと変わっている。そこでさらに経験値を上げれば、次はさらに一段上の「悪玉ストレス」が「善玉」へと変わります。

そうやって少しずつ負荷を高めていけば、心はどんどんたくましく鍛えられ、どんなことにも落ち着いて的確な対処ができるようになります。

孤独や疎外感もストレスのひとつです。心が鍛えられると、ストレスのコントロール、孤独のコントロールもできるようになるのです。

しかし、筋トレにも向き、不向きがあるように、心のトレーニングにも得意な人、苦手な人がいます。

「自分はプレッシャーに弱い」

「ちょっとしたことでも、すぐ感情的になってしまう」

という人は、心のトレーニングが苦手なタイプ。真面目で繊細、いわゆる「いい人」に多いタイプといえます。

こういう人は、意識的に自分に課題を与えてみるのもいいでしょう。「心トレ」用の課題としては、大きな負担のかかるものは初めは避け、「頑張ればクリアできそうだな」と気楽な気持ちで取り組めるものがベストです。

最初は毎朝30分早起きして会社に行くとか、仕事の企画書を人より2本多く作るなど、些細なことでかまいません。

あるいは、「マラソンを始めてみようかな」「彼女を映画に誘ってみようかな」と、行動に移すかどうか迷っていることがあれば、いまこそ取り組んでみる。

慣れてきたら、少し負荷を上げたり、まったく違うストレスをかける。

こうやって少しずつ自分にプレッシャーを与えていくと、いつか人から与えられるプレッシャーを苦もなく捌《さば》けている自分に気づくはずです。

■ものごとは「5割テキトー」で考える

真面目な人ほど、目標を高く掲げがちだという傾向があります。「普通に実行すれば、だいたい1日このくらい進むかな」という量に上乗せして、わざわざ自分を追い込んでしまうのが真面目な人の特徴なのです。

その目論見どおり、上乗せしたぶんまで完了できれば万々歳。自分の成長も早くなるし、「よく頑張ったな、自分」と大きな充足感、満足感を味わえます。

しかし、人間、調子のいいときもあれば悪いときもあるものです。いつも目論見どおりに進むとはかぎりません。そんなとき落ち込んだり、後ろめたく思ったりしてしまうのも、真面目な人にありがちなこと。すべてに完璧主義で臨もうとすると、途中で心がぽっきり折れてしまいます。疲れもどんどん溜まるし、「失敗した」「できなかった」と考えれば考えるほど、悪玉ストレスは増えていく。

そうならないためには、「いい人」でいるのをやめること。人からどう見られるかなんて関係ありません。真面目な人は、ものごとを5割テキトーに考えるくらいでいいのです。**目標どおりできなかったとしても、ゼロではありません。「10」の予定が「5」しかできなかったとすれば、半分は進んだということ。**

前日できなければ今日があるし、明日もあります。「いい人」だと思われたいばかりに、完璧主義を貫こうとしないこと。ときには他人に迷惑をかけるぐらいの失敗は、あって当然なのです。

そして、ここ一番の大勝負のときは、目標に上乗せするぐらいのガッツが必要ですが、そうでないときはあまり高く設定しすぎないこと。

小さな成功体験を積み重ねていくほうが、心のトレーニングにも筋肉のトレーニングにも効くものです。

習慣8

「弱さ」をさらけ出す

自分に自信がある人ほど「弱さ」を見せる。
そして人が、寄ってくる

「人からどう見られるか」は気にしなくていい

■周囲に人が集まってくる人は「何」が違うか

あなたは人にどう思われているか、必要以上に気にしてしまうことはないでしょうか？

人の視線が気になる。
こんな発言をしたら自分がバカだと思われるんじゃないかと考えてしまう。
つい自分のいい部分ばかり見せようとしてしまう。

人からどう見られているかが気になるというのは、裏を返せば相手のことを考えられるということです。相手の感情を想像し、不快感を抱かせないように気を配れるということ。

決して悪いことばかりではありません。

でも、「弱み」ひとつ見せられなければ、あなたの心はしんどいことになります。会社のなかでどれだけ出世しようと、素晴らしい仕事を成し遂げていようと、「強さ」しか表にあらわせない人は、えてして脆いものなのです。

老年精神医学に携わってきた経験からいうと、会社の社長や重役といった人たちがリタイアしたあとは、大きく2つのタイプにわかれます。

ひとつは、尊大な振る舞いが板についていて、貫禄たっぷりだけれど、プライドがジャマをして誰にも弱みを見せず、かつての部下や周囲の人たちから煙たがられてしまうタイプ。

もうひとつは、物腰が柔らかく、受け答えも丁寧で、パッと見は社長や重役だったとはとても思えないくらいだけれど、弱みを見せるのも、自分ができないことをさらけ出すのも平気、というタイプ。

後者の人たちには、わざわざ昔の部下たちが顔を出したり、老人ホームで周囲に人が集まってくるというような光景が見られます。

ところが、前者のタイプでは、老人性うつや疎外感に悩まされている人がかなり多いのです。長い年月をかけて培ってきた自分の性格や態度を今さら変えられず、つねにプライドたっぷりの振る舞いをしてしまい、仲間ひとり作ることができない。孤独に苛まれたしんどい老後を送らなくてはいけません。

「弱み」を見せられる人の周りには、人が集まってきます。そうでなければ人とわかり合える関係は作れないからです。

「弱み」を見せられるかどうかは、孤独への耐性に大きな影響を及ぼしているのです。

■自分に自信がある人ほど「弱み」を見せられる

「弱みなんか見せたら、取るに足りない人物、くだらない人物だと思われないか」

と心配する人がいます。

でも、反対なのです。

「弱み」を見せられる人は、自分に自信がある人。弱みを見せられるということは、自分のダメな部分、弱い部分、できない部分を自分で肯定しているということだからです。

傍から見ていても、人にいいところばかり見せようと躍起になっている人より、できないことはできないと言う人、ダメな部分は自分で認められる人のほうが、自分に自信があるように見えます。

自分の欠点を隠そうとばかりしていたり、弱さを取り繕って尊大な態度に出たりする人は、弱い犬がキャンキャン吠えるのと一緒で、あまり見栄えのいいものではありません。見ていてすぐにわかります。

しかも、**他人というのはもともと、人の「いい部分」を見ようとしてくれるものなのです**。自分にはない部分、相手の美点ほど目に留まり、羨ましがってくれるようにできています。

ですから、あなたがどれだけ弱みや欠点をさらけ出したところで、相手はほとんど気にしません。人は自分が思うほど、相手のことなど見ていないものです。

あなたも人のことなど気にすることはありません。存分に「弱み」をさらけ出してください。

老人になってからでは、若いころから染みついた態度を改めるというのは難しいので、なるべく頭の柔軟な若いうちから、「弱み」をさらけ出せる懐の深さを身につけておきたいものです。

それが、老後まで含めた長い人生を、幸せに送るポイントのひとつだと思います。

「コミュ力」なんて必要ない

■友達が多いほど「偉い」のか？

疎外感を軽減する方法として真っ先に思いつくのが、大勢の仲間を作るということでしょう。

何かイベントがあればあちこちから声をかけられ、知り合いも多く、人脈も豊富。ワイワイみんなで騒ぐのが大好きで、いつも人の輪の中心にいる。率先してみんなに「集まろうぜ」と声をかけ、世話を焼くのも大好き――まさに「人気者」という感じですね。

こうした「友達が多いほど〝偉い〟」という風潮は、いったいいつから生まれてきたのでしょうか。

私は、「コミュ力」なる言葉と並行してのことではないかと考えています。

ここまで本書を読み進めてきた読者のみなさんならおわかりのとおり、**いくら仲間を作っても、孤独や疎外感は軽減できません。**

たったひとりでいいので、じっくり深い関係を育むほうが孤独や疎外感にはむしろ有効なのです。

しかし、世の中では「友達が多い」人ほど幅を利かせているようです。その風潮につられて、「友達が少ない」ということを恥じる人もたくさんいます。

友達は、多ければいいというものではありません。同様に、少なければいいというものでもありません。「数」の問題ではないのです。「わかり合えているか」が重要なのです。

そんな当たり前のことが見えづらくなっていることの背景には、「コミュ力」への誤解があるように感じます。

本来、コミュニケーション能力とは、相手にわかるように説明できる能力や、自分が伝えたい内容をきちんと伝えられる能力のことを指します。知らない相手とのコミュニケーションであれば、せいぜいあいさつができるといったことでしょう。

つまり、きちんとした自己主張ができるという前提がある。

心理療法士などが教えるコミュニケーションのためのトレーニングに、「**アサーティブネス**」というものがあります。これは相手と対等に、率直で誠実なコミュニケーションをするための方法のことで、「アサーティブネス（Assertiveness）」を直訳すると、まさに「主張すること」「断言すること」という意味です。

ただし、ここで重要なのは、ただ主張すればいいというものではなく、「相手が受け入れられる形で自己主張ができる」「相手をイヤな気持ちにさせないようにしながら自己主張ができる」ということ。こうした力がコミュニケーション能力なのです。

ところが、「コミュ力」というのは、どうも「空気を読んで、周りに合わせる能力」「相手に好かれる力」、あるいは「嫌われない力」のように捉えられているフシがあります。

英会話について考えてみるとわかりやすいのですが、日本人は英語がうまくなれば外国人と楽しく会話ができたり、仲よくなったりできると思いがちですよね。

しかし、その人の話が面白くなかったり、人を不快にするようなものであったり、話題についていけずに同調しかできなかったり、スカスカの内容であったりすれば、いくら英語がうまかろうとも、コミュニケーションは不発に終わります。

反対に、どれだけ英語がたどたどしくて下手くそでも、世界的な発見をした学者だとか、活躍している野球選手だとか、魅力のある人の話は聞きたいと思いますよね。

興味深い話ができるという第1段階があってこそ、英会話という第2段階のツールが活きてくるのです。

英語さえできれば人と仲よくなれるなら、アメリカ人はみんな仲よしのはずでしょう。でも、そうではありません。英会話は二の次。

「コミュ力」というのも、これと同じことなのです。

■「誠実」と「素直」がポイント

お笑い芸人のように、みんなで騒ぐときに気の利いたジョークが言えるとか、人のいじり方がうまいとか、楽しく場を盛り上げる術を知っているとかいうのも、ひとつの能力でしょう。だから人が寄ってきて、輪の中心でいられるのです。

でももし、その人と一対一で深い話をしようとしたとき、とたんに会話が続かなくなったり、居心地悪そうにしていたりしたら、どう思うでしょう？　魅力は半減してしまいますよね。

いくら「人気者の騒ぎ上手」でも、一対一で語り合えなければ、ただそれだけ。人と

「わかり合う」関係は築けません。そういう人は、「コミュ力」はあるかもしれないけれど、「コミュニケーション能力」はないわけです。

現代は、「コミュニケーション能力」がなくても、「コミュ力」さえあれば、なんとなく「偉そう」「格が上」に映ってしまうという、おかしな社会です。

それなら、「コミュニケーション能力」があれば、「コミュ力」がなくても、同じような評価を受けてもよさそうなのに、そうはなりません。「ダサい」「格下」みたいに見られてしまいます。

しかし、実際のところ、「友達が多い」「仲間が大勢いる」という状況を求めなければ、「コミュ力」（＝空気を読む力、嫌われない力）なんて、あまり必要ないのです。自分への信頼感や自信を育み、人生を豊かにしてくれる友人関係を築くには、むしろ「コミュニケーション能力」を磨くほうが１００倍大事。

「コミュ力」を全否定するわけではありませんよ。それはそれであるに越したことはないでしょう。

でも、「コミュニケーション能力」がないのに、「コミュ力」だけで人生の荒波を乗り切っていこうとするのは問題です。

「コミュ力」はしょせん、仲間内でしか作用しないもの。ちょっと違う場に行くと、そのノリでは通用しなくなってしまったりします。それこそ、外国人とコミュニケーションするときなんて、まったく関係なくなってしまう。

でも、「コミュニケーション能力」なら、どんな場、どんな人に対しても有効に作用します。相手が受け入れられるように自分の考えをしっかりと主張できるというのは、異なるソサイエティに行っても「自分」が「自分」でいられる力を身に付けているということです。

本書のあちこちで紹介してきたように、自分の頭でものごとを考える練習をしているうちに、自分ならではの考え方や価値基準ができてきて、「自己主張」というのはできるようになります。

価値基準を確立する効用というのは意外と大きなもので、ひとつ自分なりのモノサシができると、それを他の事柄にも応用できるようになります。それが自分なりの考え方を作るということ。

そして、そうやって「自己主張」するときには、「コミュ力」のことなんて考えず、ただ「誠実」に「素直」に言葉にしようと心がけるだけでいいのです。言葉を飾ったり、相手によく思われようとする必要はありません。

「誠実」に「素直」に、相手と対等の立場で、自分を信頼しながら伝える。これがアサーティブネスの方法です。

アサーティブネスに興味のある方は、本がいくつか出版されていますので、学んでみるのもおすすめです。私の推薦図書は、アン・ディクソンさんの『第四の生き方――「自分」を生かすアサーティブネス』（つげ書房新社）です。

■コミュ力不足を補う口下手戦略

「オレ、空気読めないんだよな」「コミュ力には自信がないんだ」という人のなかには、

「そうはいっても、コミュ力がないことで人を不快にさせることもあるんじゃないか」

「コミュ力がなくてバカにされるのもイヤだ」

という方もいるかもしれません。

そんな方には、「弱み」をさらけ出すことでコミュ力不足を補う、とっておきの方法をご紹介しておきましょう。

それは、**「正直さをアピールする」**ということです。

たとえば、会社の大事な案件で、はじめて取り引き先の人に会うことになったとき。

「これは本当に重要な仕事だと思っているので、緊張しています」

「御社と仕事ができるなんて光栄で、ついあがってしまいます」

など と言ってみる。

こういうことは「コミュ力」がある人が言うとウソくさく見えたり、口先だけでペラペラと言っているように聞こえたりしますが、「コミュ力」がない人が言うと、口下手な感じが功を奏して、逆に真実味が増すのです。

あるいは、意中の人をデートに誘いたいとき。

「あなたの前だと、僕はあがっちゃうんです」

「女性をデートに誘いたいと思ったのは初めてです。どうすればいいかよくわからないんですが、一緒に食事に行ってくださいませんか」

「僕は女性と話すのがあまり得意ではないので、もしかするとうまく伝わっていないかもしれませんが、今日は本当に楽しいと感じています」

などと言ってみる。

こう言えば、多少モジモジしていてもまったく変には思われません。しかも、自分の気持ちを正直に言っているだけなので、妙な説得力まで生まれたりします。

言われた側は、決して悪い気はしないでしょう。付け焼き刃で慣れているふうを装ったりするより、よっぽど「誠実な人だわ」と好感度も上がるはずです。

「コミュ力」不足に悩む人は、「自分の気持ちなんか言っても、相手は喜ばないだろう」「ただでさえまごまごしているのだから、これ以上、相手をイラつかせたくない」などと、あまり自分の感情を表現したがりません。

でも、口に出すことで相手からの理解が深まることもあるのです。

言わなければ、相手もわかりませんから、「なんだかまごまごした人だな。いつもこうなのかな」とネガティブに捉えられてしまう。

でも、自分から弱さを見せれば、「ああ、この人はこういう人なんだ。そうか、楽しんでくれているのか」と、ちょっと視点がずれるという作用があります。

「コミュ力がない」ということに引け目を感じたり、卑屈になったりする必要はまったくありません。

ただ、**誤解されたくないときには、正直に素直に、自分の感情や本心を表現するということを心がけてみてください。**

「損・得」で考える不幸な人

■日本をダメにする拝金主義

「コミュ力」の問題にしてもそうですが、現代社会には、私からするとおかしな価値観がはびこっています。

「夢や信念を追いかけるより、お金を稼げる人のほうが偉い」

「社会的な地位や名誉より、お金のほうが大事」

という拝金主義もそのひとつです。

昔、私が灘高校に通っていたとき、同級生には羽振りのいい娯楽産業の経営者の息子が何人かいました。彼らは儲かる親の会社を継ぐより、医者や弁護士といった社会的成功者になりたいと思い、一生懸命勉強して灘高に入ったのです。親も応援していました。少なくとも当時は、お金よりも社会的地位、名誉のほうが大事だと思う家庭が多かったわけです。

でも現在は、たとえ東大を出ていたとしても、地位や名誉より金のほうが大事だという考え方が主流になりつつあります。

お金を稼ぐこと自体は悪いことだとは思いません。問題は、お金欲しさに理想を失い、政治と結びついたりして、貧乏人から搾取しようとするような輩《やから》が存在することです。

これでは、夢や理想に向かって邁進《まいしん》するために貧乏でもよしとするような人、お金儲けよりもっと大事なことがあると考える人たちは安心して生きていけません。

あるいは、貧乏をしてまで夢や理想を追おうとする人も出てきません。

世の中にはいろんなタイプの人がいていいはずです。お金を稼ぎたい人は稼げばいい。理想に燃えたい人は燃えればいい。

しかし、これだけ価値観が「多様化」しているはずの現代なのに、ことお金に関しては、みんながひとつの方向を向いているように思います。

これが生きにくさを生むひとつの原因になっているのではないでしょうか。

■女性が世の中を変える

「貧乏人がバカを見る」というのは、極論すれば「お金さえ稼げれば、何をやってもいい」という社会です。本質を見抜く努力、自分自身に向き合う努力を放棄し、都合の悪いことは見ないようにする人、自分の利益になることであれば、人に不利益になることでも平気でやるような人を増やすことです。

同様の変化は、ＡＯ入試（総合型選抜）や観点別評価の導入によって、教育の現場にも生じています。ＡＯ入試のようにペーパーテスト以外の学力をみる入試は近年さらに増えています。

20年前には１・４パーセントにすぎなかったのに、いまや利用者数は受験生全体の約10パーセント（２０１９年度「大学入学者選抜関連基礎資料集」文部科学省）に上っています。

しかしこれは私に言わせれば、努力をしていなくてもハッタリが効けばいい、中身はないけれど表面的に合わせられる、という人が得をするシステムです。

観点別評価は、まさに「コミュ力」が問われる仕組みで、表面上、活発に見える子ども、教師に上手に話ができる子どもに、ペーパーテスト以外の「観点」による得点が与えられるのです。

テストで１００点をとったとしても授業態度などで先生に気に入られていなければ評価は「４」で、80点しかとっていない生徒でも先生に気に入られていれば「５」の評価がもらえる。２０２２年度からは高校にもこの観点別評価が取り入れられることになっています。

つまり、**「上手に相手に合わせられるほうが偉い」という風潮は、こうした学校教育によって醸成されている**わけです。

そうなると、頑張って勉強をするより、先生に取り入ったほうが得だという子どもたちがあらわれます。

これは私の勝手な意見ではありますが、こうした拝金主義、損得勘定の世の中を変えたければ、お金よりも志や名誉を大切にする男性のほうを、女性が選ぶようになるしかないと思います。

向上心が強い男性、アグレッシブな男性というのは、男性ホルモンが多い傾向がありますから、やはり女性が好きなのです。「何が一番モテるのか」が、行動の動機になる。

国境なき医師団に行った苦労人や、社会のためを考えて社会起業家になった貧乏な人よりも、短時間で稼ぐ金持ちがモテる社会であるかぎりは、男性の圧倒的大多数は拝金主義を選んでしまうでしょう。いうなれば、社会のありようは女性次第ということです。

■男性が家庭を変える

女性の方はこんなことを言われると、「世の中が悪くなったのを女性のせいにするのか！」と憤慨するかもしれませんね。もちろん、責任を女性になすりつけたいわけではありません。女性の選択も、世の流れを決める重要な要素のひとつだと言いたいだけです。

それでは男性の責任は何か。これまた私の勝手な意見ではありますが、男性はもっと家庭の舵取りをしっかりできるようになったほうがいい。

たとえば、ひとりで絵を描くのが好きな子がいるとします。同級生は休み時間になるとワーッと校庭に出て行って、みんなで一緒にサッカーやドッジボールをやったりするのに、その子だけはいつも教室でひとり黙々と絵を描いている。

そのとき、その子のよさを認めてあげられる親がどれだけいるでしょうか。別に悪いことをしているわけでもないのに、「みんなと一緒に遊びなさいよ」と子どもに強要してしまったりしないでしょうか。

あるいは、わが子が仲間外れにされている場合。オロオロして、「お前にもどこか悪いところがあるんじゃないか？　それを直さないといけない」などと、子どもの性格を無理やり変えようとしてしまったりしないでしょうか。

親がよかれと思って口を出したとしても、それがすべて子どもにとっていいこととは限りません。性格は変えようがありませんから、無理に苦手部分を克服させようとするより、よい部分を伸ばしてあげたほうがいいのです。

とくに女性の場合、共感で生きる傾向が強いですから、「ウチの子、仲間外れになっているんじゃないかしら」と母親は心配して、必要以上に子どもの性格や考え方に介入しようとしがちです。女性は群れから外れることに敏感なのかもしれません。

しかしそんなときに父親まで一緒になって、「なんだ、おまえ仲間外れにされているのか」と焦っていては、その気がなくても子どもに「仲間外れにされる自分はダメな子どもなんだ」と伝えることになってしまいます。そんなときこそ、男性は子どもの性格を認めてどっしり構えていないといけません。

「損・得」の社会では、コミュ力が低い人や理想を追求しようとする人は、損をしているように見えます。弱い立場に立っているかのように錯覚させられます。友達が少ないというのも損をしているように見えます。

ですから、最近は男性であっても仲間外れを過剰に怖がる人が増えているというのは、ある意味しかたのないことかもしれません。

でも、本当は損をしているわけではないのです。

ただ気質の差、能力の違いがあるだけで、そこを理解して、自分のよさ、子どものよさを伸ばしていけば、損をすることにはならないのです。

拝金主義も損得勘定も、世の中をギスギスとしたものに変えてしまいます。

せめて家庭のなかだけはそうしたことにとらわれず、家族全員がのびのびと暮らせるような大らかさが欲しいものです。

両親のどちらかがオロオロしていたら、どちらかが家庭に安心感を与えなくてはいけません。家庭の舵取りが揺らぎがちなときには、特に男性はもっと責任を持ってそれを軌道修正するべきでしょう。

「弱さ」を見せることも、決して損をしているわけではないのです。

習慣9

「心のプロ」に頼る

「心のなか」を言葉にする。
口に出すと頭がどんどん整理される

「精神科」はまだまだ遠い存在か？

■カウンセリングを活用できない日本人

日本でも精神科や心療内科が身近な存在になり、カウンセリングという言葉がずいぶん一般的になりましたが、まだまだ活用できない人は多いようです。

みなさんはカウンセリングと聞いたとき、「心を病んだ人が受けるもの」と思ってはいませんか？

「カウンセリングなんてまだ受ける段階じゃないだろう」

「自分の問題だから、自分で解決しなきゃ」

日本人にはこう考える人が多いようです。でも、欧米ではもっと気楽です。

「ハーイ！　先生、また来たわよ」

メンタルケア、
日本と欧米でこんなに違う
欧米
はーい！
今日も
よろしくね
Dr.
気軽に誰もが生活上の心配を相談する
あたりまえ の場所
日本
まだ…
大丈夫…
うう…
でも…
まだ…
助けて…
どうしました!?
Dr.
心が病んだ…と
はっきり感じたときに
訪れる 特別 の場所

「ちょっとドクター、僕の話を聞いてくれよ」

こんな感じで、気軽に生活上の心配ごとを相談しに来ます。これまで友達の重要性をいろいろ述べてきましたが、欧米ではそういうときにこそカウンセラーが活用されています。どうやら私たち日本人は、自分の問題や悩みは自分で解決するべきだと考えがちな人種のようです。「わざわざメンタルケアが必要になるなんて、自己管理ができていない証拠」だと捉えるのです。

ところが、欧米では正反対。

「自己管理をするためには、メンタルケアが必要なんだ」

と考えます。「メンタルケアなしで、どう自己管理をするの?」と言う人もいます。日本のカウンセリングには、ひとりでずっと苦しんで、ギリギリのところまでなってから訪れるという切羽詰まった患者さんたちがたくさんいます。まるで重い病気にならないとカウンセリングには行ってはいけない、という不文律があるかのようです。

でも、みなさんもお肌が荒れたときにエステに行ったり、肩が凝ったときにマッサージに行ったりしますよね。

それと同じ感覚で、心がちょっと強張《こわば》っているなと思ったら、気楽にカウンセリングを活用すればいいと思うのです。体のケアと同じように、心のケアも考える。

コロナ禍では、感染予防が心の健康より重視され、また感染を恐れて精神科やカウンセリングルームの受診を控える人も多いようです。

実際、経済的困難や飲み会の減少、そして自粛生活で日光に当たらないためにセロトニンという神経伝達物質が減っているなど、コロナ鬱はかなりの数でいるのではないかと予想されます。

しかし、現実に精神科に来られるのは、私の感覚ではかなり鬱が重くなってからです。ほかの精神科の先生に聞いても似たようなことをおっしゃっていました。

自分に何が大切かという自己管理ができていない気がします。

自己管理とは、「自分の生活や行動を律して、健康を維持したり自己を向上させたりすること」です。

決して、自分ひとりで管理しなければいけないという意味ではありません。

グチを言いたいときにキャバクラに行ってきれいなだけの女性を相手に話を聞いてもらったり、海のものとも山のものとも知れない街角の占い師に悩みごとを相談したりするよりは、カウンセリングのプロに話を聞いてもらったほうが、ずっと心のなかを整理ができると思います。

■こんなにたくさんある相談窓口

心の整理がしたいなら臨床心理士。
介護で悩んでいるならケアマネージャー。
身近な人を亡くして辛いならグリーフケア・アドバイザー。
上司からパワハラを受けているなら会社の労務担当者や弁護士。
職場の人間関係に悩んでいるなら産業カウンセラー。
夫婦関係で悩んでいたらマリッジ・カウンセラー。
家族問題なら家族療法家。
こころのほっとチャット（新型コロナ関連）。

専門家に相談にのってもらうというのは、なにもカウンセラーに限ったことではありません。日本にもいろんなプロがいます。
これだけさまざまな相談機関があるのですから、自分を上手に管理するためにも、必要なときには必要なプロの手を借りられるようになったほうがいい。

プロに話を聞いてもらうと、もやもやしていた心の澱《おり》の原因、自分でもよくわからなかった原因に気づけたりします。自分でも「なんでこんなことで悩んでいたんだろう」と思うこともある。

また、**被害者意識から抜け出せるという利点もあります**。

現実にいじめなどが起きているときなどには、被害者意識を持つことは問題を解決するためにも必要な感情ですし、疎外感から心を防衛するための方法でもありますから、それはそれで大事なことです。でも、ずっと被害者意識にこだわっていると、往々にして内に感情がこもってしまい、現実の幸せを逃してしまうことになりかねません。いろんな解決策があるにもかかわらず、「これしかない」と思い込んでしまう心理的視野狭窄に陥ってしまうこともあります。

専門家など、モノがわかっている人に相談に乗ってもらうと、客観的に状況を分析でき、今の自分の状況をフラットな視線で見つめられるようになります。

そうしてはじめて解決可能になることもあるのです。

「心のなか」を言葉にしてみる

■口に出して思考を整理

誰かに相談してみることには、自分とは別の視点で判断してもらえるというメリットがありますが、人に話した時点で自分のなかで問題が整理できるというメリットもあります。**心のなかでもやもやと思い悩んでいたときには見えなかったことが、口に出すことでクリアに見えてくる**ということは往々にしてあることです。

たとえば、毎日子どもを叱ってばかりで気分が重いというお母さん。心のなかで考えていたときには「叱らずにすむ子育て法を知りたい」と思っていたとしても、「なぜ叱るのか」「どんなときに叱るのか」を逐一説明しているうちに、問題はもっと別の部分にあったと気づくかもしれません。

子どもがサッとおもちゃを片づけられず、部屋が散らかっているのがイライラの原因だったというケースもあるでしょうし、自分も母親からそうやって叱られて育ってきたために、それが連鎖しているというケースもあるでしょう。

おもちゃの片づけなら、子どもでも片づけられるような収納を作ろうという目標が見えてきます。母親との関係性なら、カウンセリングで感情を整理することで解決可能かもしれません。

問題の根っこが見えてくれば、具体的な解決策に取り組めます。

なかには問題が複雑に絡み合って、ひと筋縄では解決できないケースもあると思いますが、人に相談するために口に出すと、心のなかだけで考えていたときよりも、少しはシンプルになるはずです。それをとっかかりにして、少しずつ解きほぐしていくしかありません。

人に相談するときには、「どうやって説明すればいいのだろう」と考えるので、自然と自分の思考が整理されます。そして、人に話すことで、その問題に前向きに向き合い、建設的に取り組む意欲も湧いてくるのです。

「叱らずにすむ子育て法を知りたい」と悩む人がカウンセリングを受けたら

どんなときに叱ってしまうのか？
なぜ叱るのか？
私は○○のときに……
つい気持ちが先に……
本当は○○したいんですが……
Dr.和田
説明して、言葉にするうちに「問題」が見えてきます

■「頼り上手」はお得です

知り合いにまったくタイプの異なる営業マンが2人います。

A君はちょっと甘えん坊タイプ。仕事がはかどらないときやトラブルが起きそうになると、さっさと人の力を借りようとする他力本願なところがあります。

B君は、頑固一徹、真面目を絵に描いたようなタイプ。誰もがイヤがる仕事が回ってきても、グチひとつこぼさずコツコツと片づける完璧主義者です。

この2人、どちらも優秀なのですが、じつはA君のほうがはるかに成果を伸ばしているのです。理由は簡単。A君は自分の手に負えないと思えば人に頼るし、ちょっと困ったことがあればすぐ相談する。いっぽうB君は、黙々とひとりでがんばっていて、他人が口出しする余地がほとんどない。

そんなわけで、**人の力をうまく借りられるA君のほうが仕事の能率がよい**のです。上司や先輩、取り引き先の人たちからも可愛がられて、大きな案件を任されることも多いとのことです。コツコツ努力できるというのは大きな力ですが、必要なときには他人に頼れるという柔軟性を身につけておくと、人間はより強くなります。自分ひとりの場合と比べて、何倍もの効果をもたらしてくれます。

人に頼れる人は、心理学的に見ても「大人」です。

人に上手に頼れるというのは、どうすればよい結果が得られるのか、どうすればよりよい未来が待っているか、自分の思考や行動をきちんと見ようとする姿勢があるということです。

この態度や活動を「メタ認知」と言います。

「メタ認知」がうまく働く人ほど問題解決能力が高く、自分を客観的に捉えられます。ひとりで悶々と考えているより、人に話したほうが解決の能率がアップするのは間違いないでしょう。自分の思考が行き詰まったときに人に話すと、思いがけない広がりが見られたりもします。専門知識のあるプロならなおさらでしょう。

ひとりで問題解決を目指さなくても、人に頼っていいのです。

選択肢を増やす

■プロの役割は「解決法」を増やすこと

プロや専門家に相談するとき、その意味をはき違えないようにすることだけは、気をつけてください。

私なども、なにか事件が起こったときに、精神科医としてマスコミからコメントを求められることがありますが、「この犯人はどんな人なんでしょう?」という問いに対して、ピタリと答えを当てるのがプロだと思われているフシがあります。

しかし、プロというのはいろんな可能性を提示できることだと私は考えています。

ドンピシャのたったひとつの答えを期待している人にはガッカリさせてしまうかもしれませんが、「こういう可能性もある。ああいう可能性もある」と、さまざまな方向性で語れてこそプロなのです。超能力者や預言者のお告げとは違います。

カウンセリングも同様です。

「プロなんだから、何でもお見通しのはず」

「ものすごく画期的な解決法を教えてくれるはず」

こんな他人本位な期待だけでカウンセリングに臨んでも、望む効果は得られません。

プロができるのは、画期的な解決法を見出すことではなく、いろんな可能性や選択肢を提示すること。

最後にどれを選ぶか、どうやって解決するかを決めるのは、あなた自身なのです。プロはあなたのその決断をサポートしてくれるだけなのです。

■選択肢が増えれば増えるほど、心は安定する

「一生懸命、おいしいごはんをつくって、家をきれいに整えて、家族が気持ちよく過ごせるように頑張っても、誰も褒めてくれない……。家族からも〝やって当たり前〟と思われ

ている」

主婦の方の話を聞くと、こんなことを言う方がよくいらっしゃいます。悩みというほどではないけれど、家事を頑張る気持ちが低下したり、嫌々やることになったり、空しい気分になったりする。

でも最近、インテリアや料理、ピカピカに磨いたキッチンなどの写真を撮り、インスタグラムやフェイスブックなどに載せて、主婦仲間で褒め合う関係をつくっている人を見かけることがあります。誰かに自分の頑張った姿を見てもらって、褒めてもらう。それをまた明日から頑張るためのエネルギーにするというわけです。

「褒め合う」というのが目的なので、ちょっと自己満足のような写真でも掲載しやすいし、同じ立場にいる人同士なら共感もしてもらいやすい。お互いに「同盟関係」だと認識していれば、自慢にとられることもないし、励ましの言葉もスムーズにかけ合える。

さらに、1日の終わりに家事が完了した写真を掲載する程度であれば、ネット依存にはまることもないでしょう。

「これはSNSを建設的に利用できているケースだなあ」と感心しました。

何度も言うようですが、孤独に対して強くなるためには、たくさんの依存先、選択肢を持つことです。

さまざまな選択肢がとれればとれるほど、心は安定し、孤独に対しても強くなる。

心のコンディションを整える方法についても、たくさんの選択肢を持てるようにしましょう。

「あいつらバカだから、しかたない」と開き直るのもひとつの手段だし、親友に「ちょっと悩みがあるんだよ」と話を聞いてもらうのもひとつの手段です。カウンセラーに相談してみるのもひとつの手段だし、「褒め合う仲間」をつくるのもひとつの手段です。もちろん、孤独と向き合ってとことん考えてみるのもひとつの手段です。

いろんな選択肢に、少しずつ孤独を託せるようになることが、孤独への耐性を強め、孤独をあなたの人生のスパイスにすることができるのです。それが孤独とうまくつき合うということです。

昨日から今日、今日から明日と、少しずつ少しずつ前進して、あなただけの「自己本位」を確立しましょう。

そうして、さまざまな視点で自分のことを考えられる「自分のプロ」になってください。

あなたの心もあなたの孤独も、あなただけのものなのですから——。

おわりに

最後までおつきあいいただき、ありがとうございます。

コロナ禍のために現実に孤独を感じている人のヒントになったとすれば、著者として幸甚この上ありません。

またコロナ禍が落ち着き、物理的な孤独がなくなっても、なんとなくいつも人に合わせてしまうとか、自分が出せない、自分をわかってくれる人がいないとなり、ふたたび精神的な孤独に陥りかねない人に、多少、先のことを考えるヒントになったとすれば、やはり嬉しいです。

読まれた方にはご理解いただけたと思いますが、この本は、孤独に対する耐性を上げろとか、孤独を楽しめとか、言うつもりで書いたわけではありません。

200万部を超えるベストセラーになり、21世紀を代表する自己啓発書とされる『嫌われる勇気――自己啓発の源流「アドラー」の教え』（ダイヤモンド社）という本があります。フロイトやユングにならぶ心理学の巨星であるアドラーは、「人には他人に勝ちたいという本能めいたものがある。それを発揮させないといけない」という考えを提示しました。しかし同時に、「人は共同体感覚を身につけないといけない」ことを強調した人でもありました。私自身、「共同体感覚」と「嫌われる勇気」が矛盾するのではないかと最初は思っていました。

しかし、この本やアドラーの著書を読むと、共同体感覚というのは、共同体に合わせるという話でなく、自分がちゃんと共同体のなかに仲間として入っているという感覚だとわかります。

「みんな仲間だ」と思えれば、相手を助けようと思う気持ちや、相手にひどいことをしないようにしようという気持ちにもなれるわけですが、逆に、本当の意味で仲間だと思えていれば、自分が言いたいことを言っても、あるいは周囲に合わせなくても、仲間はずれにならないと信じられるわけですから、多少、嫌う人がいても平気でいられるのです。

実は、私が長年、研究しているコフートという学者も同じような考え方をしています。治療者と患者さんが「同じ人間」だと思えることで、自分が自分でいられると、晩年、強調するようになりました。

孤独と上手につきあうというのは、あえて孤独になれとか、孤独に耐えられるようになれということではなく、たとえ孤独であっても、「たったひとりの理解者を探す」というように、孤独に対するヘッジのようなものをうまく作ってほしいということです。

逆に、いくら表面上の仲間が多くても、自分が出せない、本音が言えない、悩みを聞いてもらえない（打ち明けられない）というのであれば、本質的に孤独だと言えるでしょう。でも、思い切って打ち明けることのできる相手が見つかれば……。たとえ、打ち明けてみてダメなら次を探せばいいと思えれば、多少、仲間の中で浮いていても、一気に楽になれるはずです。

孤独を恐れるばかりに、自分が出せずに内面的に孤独になるより、孤独になってもいいからと、言いたいことを言って、本当の親友、仲間や味方を探すほうがずっと建設的です。

本書を通じて、孤独を避けるのではなく、孤独と上手につきあえるようになっていただければ、著者として幸甚この上ありません。

末筆になりますが、本書のようなどちらかというと奇書にあたるような本の編集の労をとってくださった大和書房の藤沢陽子さんと藤村美穂さんには心から深謝いたします。

和田秀樹

本作品は小社より二〇一五年一一月に刊行された『孤独と上手につきあう9つの習慣』を再編集して文庫化したものです。

和田秀樹（わだ・ひでき）
1960年大阪府生まれ。東京大学医学部卒。東京大学医学部附属病院精神神経科助手、米国カール・メニンガー精神医学校国際フェローを経て、国際医療福祉大学心理学科教授。川崎幸病院精神科顧問。和田秀樹こころと体のクリニック院長。「I&C キッズスクール」理事長。一橋大学経済学部非常勤講師。27歳のときに執筆した『受験は要領』がベストセラーになり、緑鐵受験指導ゼミナール創業。無名校から多くの生徒を東京大学合格に導く。この体験をもとに製作・監督した『受験のシンデレラ』はモナコ国際映画祭で最優秀作品賞（グランプリ）を受賞。その後、『「わたし」の人生我が命のタンゴ』もモナコで4部門受賞、『私は絶対許さない』でインドとニースの映画祭で受賞するなど、映画監督としても活躍。ロングセラーとなった『アドラー流「自分から勉強する子」の親の言葉』『「あれこれ考えて動けない」をやめる9つの習慣』（大和書房）など著書も多数。最新刊『六十代と七十代　心と体の整え方』（バジリコ）も話題に。
緑鐵受験指導ゼミナール
http://www.ryokutetsu.net/

だいわ文庫

孤独《こどく》と上手《じょうず》につきあう9つの習慣《しゅうかん》

著者　和田《わだ》秀樹《ひでき》

二〇二一年四月一五日第一刷発行

発行者　佐藤靖
発行所　大和《だいわ》書房
東京都文京区関口一―三三―四　〒一一二―〇〇一四
電話　〇三―三二〇三―四五一一
装幀者　鈴木成一デザイン室
本文デザイン・図版　松好那名（matt's work）
編集協力　藤村美穂
本文印刷　新藤慶昌堂
カバー印刷　山一印刷
製本　ナショナル製本
ISBN978-4-479-30863-8
乱丁本・落丁本はお取り替えいたします。
http://www.daiwashobo.co.jp